Meu nome não é Pixote

CB057797

sesc

SERVIÇO SOCIAL DO COMÉRCIO
Administração Regional no Estado de São Paulo

Presidente do Conselho Regional
Abram Szajman
Diretor Regional
Danilo Santos de Miranda

Conselho Editorial
Ivan Giannini
Joel Naimayer Padula
Luiz Deoclécio Massaro Galina
Sérgio José Battistelli

Edições Sesc São Paulo
Gerente Marcos Lepiscopo
Gerente adjunta Isabel M. M. Alexandre
Coordenação editorial Clívia Ramiro, Cristianne Lameirinha, Francis Manzoni
Produção editorial Antonio Carlos Vilela
Coordenação gráfica Katia Verissimo
Produção gráfica Fabio Pinotti
Coordenação de comunicação Bruna Zarnoviec Daniel

ED ANDERSON MASCARENHAS

Meu nome não é Pixote

o jovem transgressor no cinema brasileiro

edições
sesc

© Ed Anderson Mascarenhas, 2018
© Edições Sesc São Paulo, 2018
Todos os direitos reservados

Preparação Silvana Cobucci
Revisão Beatriz de Freitas Moreira, Maiara Gouveia
Projeto gráfico, capa e diagramação Luciana Facchini

Dados Internacionais de Catalogação na Publicação (CIP)
_____

M373m Mascarenhas, Ed Anderson

Meu nome não é Pixote: o jovem transgressor no cinema brasileiro (1980-2010) /
Ed Anderson Mascarenhas – São Paulo: Edições Sesc São Paulo, 2018.
224 p. il.: fotografias.

Bibliografia
ISBN 978-85- 9493-108- 5

1. Cinema brasileiro. 2. Transgressão. 3. Juventude. 4. Mito do herói. 5. Pixote:
a lei do mais fraco. 6. Meu nome não é Johnny. I. Título. II. Silva, Ed Anderson
Mascarenhas.

CDD 791.4

Edições Sesc São Paulo
Rua Cantagalo, 74 – 13º/14º andar
03319-000 – São Paulo SP Brasil
Tel. 55 11 2227-6500
edicoes@edicoes.sescsp.org.br
sescsp.org.br/edicoes
 /edicoessescsp

Aos meus pais queridos, Djalma (*in memoriam*) e Evanni, pelas primeiras dicas de como interpretar na tela da vida.

8 Apresentação   **12** Introdução

30 Capítulo 1
Cinema: juventudes e metrópole
O escuro e as imagens em movimento
A rebeldia do jovem na tela mundial
Pixote, João e a cena dentro dos muros da cidade
Jovens em ação como figurantes ou protagonistas
Políticas públicas
Panorama sociocultural

96 Capítulo 2
Os gêneros ficcionais e a representação de um herói contemporâneo
Gêneros ficcionais: *Pixote* e *Meu nome não é Johnny*
Uma jornada pela juvenilidade
A transgressão do herói

142 Capítulo 3
Pixote: o fraco desafia a lei
O vaticínio da cidade: melodrama, ação e aventura
A juventude em clima de vulnerabilidade

168 Capítulo 4
João Estrella, o indivíduo hipostasiado
A busca pelo inexequível: prazer e drama
A juventude hedonista

194 Capítulo 5
Instantes do agora, porque o tempo não para

202 Considerações finais

213 Agradecimentos

214 Referências bibliográficas

222 Créditos das imagens

223 Sobre o autor

Apresentação

O que estamos fazendo com – e para – jovens e crianças se refletirá no projeto de nação que almejamos. O passado, com seus acertos e equívocos, repousa como sabedoria e memória a serem destrinchadas. Sabedoria, pois há um relevante acervo de informações e dados que podem ser transformados em conhecimentos para orientar políticas de Estado e rumos para ações direcionadas a esses grupos etários. Memória, porque ela serve à construção do presente.

Cada fase da vida solicita cuidados mínimos para que possa desabrochar e ser vivida em plenitude; mas nem sempre foi assim. O entendimento da juventude como recorte de atenção é um fenômeno relativamente recente, detectado na segunda metade do século XX, associado ao aparecimento da indústria cultural globalizada, concomitante aos primórdios da propaganda e suas categorizações de públicos consumidores. Essa faixa etária, marcada por incertezas, inquietações e mudanças abruptas, passou a ser relacionada a uma fase de transição, na qual rebeldia e contestação dos valores vigentes são admitidas e toleradas como etapa de formação.

Sendo assim, que retratos de jovens emergem daí? Quais deles são marcantes e permanecem no imaginário coletivo? Quais documentos são os mais representativos? O campo subjetivo, emoldurado pelas linguagens artísticas, se apresenta como lugar privilegiado para captar sinais e indícios, bem como simbologias que atingem e afligem tais grupos e indivíduos.

Na presente obra, um dos méritos do autor é enfatizar o diálogo entre cultura, padrões sociais e práticas juvenis para empreender uma busca pelas representações emblemáticas da juventude, especialmente do jovem em situação de risco e de transgressão no ambiente urbano. A linguagem cinematográfica, com aquilo que ela possui de ficcional e modelar, demonstrou ser uma escolha acertada ao propiciar análises variadas e suas conexões com os públicos por meio da fruição estética, do entretenimento ou, ainda, da reflexão poética, política e social.

A seleção, em meio a dezenas de filmes produzidos ao longo das últimas décadas, de duas obras referenciais sobre o tema: *Pixote: a lei do mais fraco* (1980), de Hector Babenco, e *Meu nome não é Johnny* (2008), de Mauro Lima, sugere experiências e parâmetros distintos: na primeira, a denúncia social, o desamparo, a marginalização e o crime como refúgio possível; na segunda, a desestruturação familiar, a falta de referências e perspectivas de futuro, o dinheiro fácil e o hedonismo.

Esse é o núcleo central desta obra, precedido por fundamentos teóricos e filosóficos, argumentos e elucubrações que justificam o fio que foi sendo tramado até nos apresentar elementos para possíveis conclusões. O livro *Meu nome não é Pixote* nos lembra de que precisamos falar com (e ouvir) as juventudes sob pena de que outros o façam de maneira preconceituosa e simplista, menosprezando diferenças, contextualizações e/ou políticas públicas de cuidado.

Em tempos de acalorados debates e polarizações, é necessário reiterar a opção pelo caminho da cidadania e da democracia, posicionando-se pela promoção dos direitos humanos e pelo diálogo sobre temas controversos da contemporaneidade. Aos jovens, aos poderes constituídos e aos adultos caberá refletir e dimensionar patamares outros de vida em sociedade nos quais todos possam ser respeitados por suas escolhas.

Danilo Santos de Miranda
Diretor Regional do Sesc São Paulo

Introdução

> Aqui está a chave: como os adultos nunca elevam os olhos para o grandioso e para a plenitude de sentido, sua experiência se converte em evangelho de filisteu, se fazendo porta-vozes da trivialidade da vida. Os adultos não concebem algo para além da experiência, que existam valores – não experimentáveis – ao que nós (os jovens) nos entregamos.
>
> WALTER BENJAMIN[1]

Este livro desenvolve uma reflexão sobre as formas de sociabilidades contemporâneas presentes no ambiente urbano, assumindo uma concepção crítica sobre processos culturais na vida moderna que mescla produções e práticas dessa área, mais precisamente o cinema e o imaginário das juventudes[2]. Tem também como meta observar o envolvimento de jovens transgressores no mundo contemporâneo, sob a perspectiva do cinema nacional, de sua relação com a modernidade e da visão de seu comportamento através das telas de cinema. Entende-se aqui como transgressor o agente solitário que realiza a superação de si mesmo na ruptura com o mundo que o cerca. Ao buscar, ao inventar, ao tentar o ainda não ousado, o novo, o indivíduo incorre em transgressão, não apenas como subversão das leis, mas como implementação, como criação de um novo estado de espírito em confronto com a sociedade.

Considerando que, em sua trajetória de inserção social, o homem não vive desconectado das ordens simbólicas e imaginárias e dos rituais, a análise dos jovens protagonistas abordados na tela permite exemplificar algumas questões sobre o herói, sua aventura e a relação

---

1 Walter Benjamin, *La metafísica de la juventud*, trad. de Ana Lucas, Barcelona: Paidós, 1993, p. 94.
2 Termo definido com mais precisão no primeiro capítulo deste livro.

entre mito e sociedade. Essa pesquisa é pertinente, pois segue uma trilha de investigação que busca registrar a presença de heróis, ou anti-heróis, e sua influência no imaginário da juventude em sociedade. Para tanto, adota um referencial revisitado de *grandeza heroica* com base no cinema e em seu caráter imagético, partindo do registro da presença de transgressores na cidade em duas produções de épocas distintas – *Pixote: a lei do mais fraco* (Hector Babenco, 1980) e *Meu nome não é Johnny* (Mauro Lima, 2008).

Sou graduado em Artes Cênicas pela Universidade Federal da Bahia, distante de São Paulo, uma das maiores metrópoles do mundo. Sou, portanto, duplamente *estrangeiro* – por formação e por minha origem regional –, e por isso senti certo receio ao ler a reflexão de Bauman[3] sobre o lugar do estrangeiro e sua dose de inquietude na era da modernidade líquida. Ao mesmo tempo, porém, percebi que não se pode compartilhar uma experiência sem compartilhar também espaço, e esse pensamento me motivou a continuar.

Escolhi como objeto deste estudo duas questões que me encantam profundamente: o adolescente e o cinema brasileiro. Meu interesse por esse tema provém sobretudo do trabalho de arte-educação que realizo há mais de uma década com jovens[4] entre 13 e 18 anos, de diferentes classes sociais.

Embora as duas produções selecionadas para análise tenham origem em livros de sucesso, optei por concentrar meu estudo na linguagem cinematográfica, e não na literária. A escolha deve-se ao caráter singular do cinema, ao seu dom de concatenar imagens, instrumentalizar atores e delinear um roteiro capaz de instigar o espectador, criando assim o encanto da sétima arte. Os filmes têm méritos próprios e, não obstante possíveis ambivalências no tratamento da linguagem,

---

3 Cf. Zigmunt Bauman, *Confiança e medo na cidade*, trad. de Eliana Aguiar, Rio de Janeiro: Zahar, 2009.
4 Projeto Alta Voltagem, desenvolvido no Sesc Pompeia, e Projeto Qualé?!, no Sesc Belenzinho, na cidade de São Paulo.

são extratos de uma cultura inserida no viés do encantamento e da provocação de contar uma boa história.

Entre as referências para a metodologia deste estudo, tomamos como base os procedimentos teóricos e metodológicos da teoria das mediações proposta por Jesús Martín-Barbero[5], estudioso dos processos de comunicação e do cotidiano que constituem os novos modos de interpelações dos sujeitos, aqui centradas especialmente nas mediações da produção fílmica e da construção da narrativa.

> A denominação do *popular* fica assim atribuída à cultura de massa, operando como um dispositivo de mistificação histórica, mas também propondo pela primeira vez a possibilidade de pensar em *positivo* o que se passa culturalmente com as massas. E isto constitui um desafio lançado aos "críticos" em duas direções: a necessidade de incluir no estudo do popular não só aquilo que culturalmente produzem as massas, mas também o que consomem, aquilo de que se alimentam; e a de pensar o popular na cultura não como algo limitado ao que se relaciona com seu passado – e um passado rural –, mas também e principalmente como algo ligado à modernidade, à mestiçagem e à complexidade do urbano.[6]

Outro autor que norteou a pesquisa e colaborou para a definição do protocolo metodológico foi Edgar Morin, em especial com as concepções de imagem e imaginário:

> Para mim, o cinema despertava a interrogação-chave de toda a filosofia e de toda a antropologia: o que é isso a que chamamos de espírito, se nos referirmos à sua actividade, e cérebro, quando o concebemos como órgão-máquina? Qual é a sua relação com a realidade exterior, dado que

---

5 Cf. Jesús Martín-Barbero, *Dos meios às mediações: comunicação, cultura e hegemonia*, trad. de Ronald Polito e Sérgio Alcides, Rio de Janeiro: Editora UFRJ, 1997.
6 *Ibidem*, p. 70.

o que caracteriza o *homo* não é tanto que ele seja *faber*, fabricador de instrumentos, *sapiens*, racional e "realista", mas que seja também *demens*, produtor de fantasmas, mitos, ideologias, magias?[7]

Os estudos do sociólogo francês Pierre Bourdieu sobre o *campo*, no qual se concebe a prática como um produto da relação dialética entre a trajetória de determinado indivíduo, estando nele embutido a crença, constituíram um referencial para a pesquisa com diretores inseridos no campo da cinematografia brasileira. No estudo dos personagens aplicamos a observação do *habitus* como uma noção *mediadora*, que ajuda a revogar a dualidade entre o individual e o social, presente no senso comum. Para entender um pouco melhor a lógica do mundo social, os conceitos de *habitus* e campo foram complementados pela noção de *illusio*, parte integrante de muitos dos trabalhos de Bourdieu. A *illusio* é uma expressão que pode ser entendida como *sentido do jogo*, como todo tipo de relação social entre os agentes, sejam eles grupos ou estruturas sociais.

Durante o mapeamento das teses e dissertações, foram encontradas algumas passagens interessantes[8] que muito contribuíram com o estudo realizado neste livro.

---

[7] Cf. Edgar Morin, *O cinema ou o homem imaginário: ensaio de antropologia*, trad. de António-Pedro Vasconcelos, Lisboa: Relógio D'Água Editores, 1997, p. 14.
[8] A dissertação de Jorgson Ksam Smith Moraes Junior, embora tenha sua análise voltada para filmes norte-americanos, trata do anti-herói e foi de grande valia na difícil tarefa de definição desse termo. Cf. Jorgson Ksam Smith Moraes Junior, *Herói decadente: a emergência histórica do anti-herói na literatura, no cinema e na TV*, 112 folhas, Dissertação (Mestrado em Ciências Sociais), Pontifícia Universidade Católica, São Paulo, 2005.
A dissertação de Ângela Maria Lucas Quintiliano realiza um estudo de percepção de juventude através do trabalho de mediação com o filme *Constantine*, também um anti-herói do cinema americano. Cf. Ângela Maria Lucas Quintiliano, *Na tela do cinema a luz da revelação: o imaginário religioso adolescente e a mídia cinematográfica*, 204 folhas, Dissertação (Mestrado em Ciências da Religião), Pontifícia Universidade Católica, São Paulo, 2001.

Para o desenvolvimento da metodologia de análise do projeto *A presença do jovem transgressor no cinema brasileiro*, foram selecionados filmes com base numa pesquisa de filmes de ficção, que obedeceu aos seguintes critérios:

a) data de produção: longas-metragens realizados entre 1980 e 2010;
b) temática: filmes protagonizados por jovens;
c) caráter contemporâneo da história.

A partir da busca de informações em resenhas jornalísticas, livros, publicações, arquivos da Cinemateca Brasileira e *sites* como o da Agência Nacional de Cinema (Ancine) e outros específicos sobre cinema (Adoro Cinema Brasileiro; Cinética; Cinequanon; Cineclick; Contracampo; Omelete e Filme B), catalogamos, a princípio, 86 títulos de longas-metragens brasileiros lançados no mercado. Em seguida, fizemos uma triagem desses títulos, privilegiando os que focassem o jovem urbano com as seguintes características:

a) caráter de transgressão, demonstrando atitudes que, mesmo condenáveis, indiretamente representassem algum tipo de realização pessoal (situação de risco, ações ilícitas, contravenção, busca do perigo);

b) qualidades memoráveis do protagonista (sedução, carisma, afirmação);

A dissertação de Carlos Pereira Gonçalves apresenta um excelente estudo de recepção e análise do filme *O primeiro dia*, dirigido por Walter Salles e Daniela Thomas. Cf. Carlos Pereira Gonçalves, *Cinema brasileiro, anos 90: recepção, mediação e consumo cultural dos paulistanos*, 154 folhas, Dissertação (Mestrado em Ciências Sociais), Pontifícia Universidade Católica, São Paulo, 2001.

A tese de Marlivan Moraes de Alencar aborda com meticulosidade a presença da metrópole em filmes brasileiros de diferentes estados. Cf. Marlivan Moraes de Alencar, *Imagens da metrópole no cinema brasileiro*, 350 folhas, Tese (Doutorado em Ciências Sociais), Pontifícia Universidade Católica, São Paulo, 2008.

A tese de Carlos Pereira Gonçalves faz uma pesquisa sobre mitologia e analisa filmes brasileiros contemporâneos. Cf. Carlos Pereira Gonçalves, *Cinema brasileiro na estrada: identidade, mitologia e cultura no gênero "road-movie" (anos 1990-2000)*, 419 folhas, Tese (Doutorado em Ciências Sociais), Pontifícia Universidade Católica, São Paulo, 2011.

c) rito de passagem (acesso à maturidade; conquista de etapas determinadas e mudança de percepção de mundo no decorrer da trama), de modo que todas as sequências fossem mediadas pela presença da metrópole.

Os procedimentos adotados nas análises dos filmes selecionados seguiram uma trajetória que pode ser representada pelo seguinte esquema: construção de coleta de dados; tratamento dos dados coletados; análise dos instrumentos (textos fílmicos).

Os instrumentos foram articulados com base nos seguintes aspectos:

a) objetivo geral da pesquisa: problematização da presença do jovem protagonista e suas atitudes transgressoras em ambiente metropolitano;

b) detecção de elementos narrativos do texto fílmico que necessariamente abarcassem as informações relacionadas no objetivo geral, além de outras consideradas pertinentes durante a coleta de dados.

Com esse procedimento, foram definidos 22 filmes de longa-metragem (ver o Quadro 1), entre os quais 13 foram produzidos no Estado de São Paulo[9]; 8, no Rio de Janeiro; 1, no Ceará; e 1, no Distrito Federal. Em relação à época de distribuição, 3 títulos foram lançados na década de 1980; 2, na década de 1990; e 17, nos anos 2000. Com relação ao gênero dos protagonistas, constaram 3 femininos e 19 masculinos[10].

O passo seguinte foi a busca de informações presentes nos textos fílmicos:

I. REGISTRO DE INFORMAÇÕES RELATIVAS A:

a) aspectos físicos do documento;
b) contexto de produção.

---

9 No filme *Pixote* aparecem as cidades de São Paulo e Rio de Janeiro, ambas importantes para o desenvolvimento da trama.

10 O filme *Dois perdidos numa noite suja* tem dois protagonistas, um dos quais (o personagem Paco) é interpretado pela atriz Débora Falabella; em *A concepção*, o protagonismo é coletivo.

2. ANÁLISE DO CARÁTER MÍTICO DO PROTAGONISTA.

QUADRO 1 **OS 22 FILMES PRÉ-SELECIONADOS NA SEGUNDA ETAPA**

TÍTULO	DIRETOR	LANÇAMENTO	ESTADO
Através da janela	Tata Amaral	2000	SP
Bicho de sete cabeças	Laís Bodanzky	2000	SP
Bróder	Jeferson De	2010	SP
Cama de gato	Alexandre Stockler	2002	SP
Cão sem dono	Beto Brant e Renato Ciasca	2006	SP
O céu de Suely	Karim Aïnouz	2006	CE
Como nascem os anjos	Murilo Salles	1996	RJ
A concepção	José Eduardo Belmonte	2006	DF
Dedé Mamata	Rodolfo Brandão	1987	RJ
De passagem	Ricardo Elias	2003	SP
Dois perdidos numa noite suja	José Joffily	2003	SP
Os doze trabalhos	Ricardo Elias	2007	SP
O magnata	Johnny Araújo	2007	SP
Meu nome não é Johnny	Mauro Lima	2008	RJ
Nina	Heitor Dhalia	2004	SP
Nome próprio	Murilo Salles	2008	SP
Pixote, a lei do mais fraco	Hector Babenco	1980	RJ/SP
Quem matou Pixote?	José Joffily	1996	RJ
Querô	Carlos Cortez	2007	SP
Última parada 174	Bruno Barreto	2008	RJ
Vera	Sergio Toledo	1986	SP
Vips	Toniko Melo	2010	RJ

Com base nesses critérios, foram selecionadas duas produções cuja receptividade foi expressiva, tanto em termos de público como de crítica, que tratam do tema de modo diversificado: *Pixote* e *Meu nome não é Johnny*. Tais filmes preencheram todos os pré-requisitos, mas sua escolha não poderia deixar de ter um caráter subjetivo, embora não aleatório. Num primeiro momento, fiquei tentado a incluir o filme *Vera* (1987), que também trata de uma jovem transgressora com característica social peculiar e atende ao objeto da pesquisa. No entanto, a escolha foi descartada porque o panorama sócio-histórico do filme é similar ao de *Pixote*. *Vips* (2010) também chamou a atenção no momento da seleção dos filmes, por apresentar considerável material para estudo sobre o tema *identidade*, com base num personagem em ruptura com sua realidade. Poderá ser aproveitado em pesquisas futuras.

Feita a seleção, num primeiro momento, procurou-se conceituar o sentido do protagonista transgressor – o *anti-herói*, termo distanciado do vilão – e seu imaginário, bem como associar o contexto do protagonista às quatro funções do mito, segundo Campbell[11]: mística; cosmológica; sociológica e pedagógica. Num segundo momento, tais concepções seriam abordadas nas produções cinematográficas nacionais selecionadas e correlacionadas com produções similares especialmente pesquisadas para tal contexto.

O primeiro capítulo deste livro, intitulado "Cinema: juventudes e metrópole", está dividido em três partes. Na primeira, "O escuro e as imagens em movimento", apresenta-se uma visão do conceito de cinema e sua importância como linguagem (história, estética e abordagens), bem como sua capacidade de favorecer o pensamento e a mediação.

A máquina voadora entrou sensatamente no mundo das máquinas, ao

---

11 Cf. Joseph Campbell, *O poder do mito*, trad. de Carlos Felipe Moisés, São Paulo: Palas Athena, 1990.

passo que as obras criadas pelo cinema, a visão de mundo que elas propõem, ultrapassaram de maneira vertiginosa os efeitos da mecânica e de todos os suportes físicos do filme. O filme é que ascende cada vez mais alto, a um céu de sonho, ao infinito das estrelas – das *stars* –, a esse céu banhado pela música, povoado por adoráveis e demoníacas presenças, escapando assim a esse terra a terra de que deveria ser, segundo tudo parecia, o servo e o espelho.[12]

Com a Revolução Industrial, delineia-se um novo panorama social, envolvendo a relação entre o homem e a máquina. O fenômeno da cultura de massa apropriou-se do imaginário coletivo, associando-se a uma cultura relacionada a ofertas do mercado, que aparentemente visam suprir necessidades momentâneas. Walter Benjamin[13] refletiu sobre o caráter ideológico da sociedade cultural, esclarecendo que, "na possibilidade de politização da arte, surge um caminho para emancipação da sociedade". Tal concepção vai de encontro ao pensamento de Theodor Adorno[14], para quem "a técnica não deve ser pensada de forma absoluta, mas deve ser relativizada". Os meios de comunicação elevam-se ao patamar de arautos do caminho da satisfação e passam a configurar padrões de comportamento. A música, a literatura e o cinema (que divulgam os jovens ídolos) assumem as rédeas da indústria cultural para públicos segmentados, como a juventude.

No tópico "A rebeldia do jovem na tela mundial", citam-se alguns filmes produzidos em outras partes do mundo, com o objetivo de exemplificar a presença de jovens protagonistas com motivações transgressoras. É o caso das obras do cineasta francês François Truffaut, com *Os incompreendidos*, de 1959; dos norte-americanos Nicholas Ray, com

---

12 Edgar Morin, *O cinema ou o homem imaginário*, Lisboa: Moraes, 1970.
13 Cf. Walter Benjamin, *La metafísica de la juventud*, op. cit.
14 Theodor W. Adorno; Max Horkheimer, "A indústria cultural: o esclarecimento como mistificação das massas", em: Theodor W. Adorno; Max Horkheimer, *A dialética do esclarecimento*, trad. de Guido Antonio de Almeida, Rio de Janeiro: Zahar, 1985.

Juventude transviada, de 1955, Richard Thorpe, com *Prisioneiro do rock and roll*, de 1957 e Francis Ford Coppola, com *O selvagem da motocicleta*, de 1983; do inglês Stanley Kubrick, com *Laranja mecânica*, de 1971. Mais recentemente, nas obras dos norte-americanos Larry Clark, a partir dos anos 1990, com produções como *Kids*, de 1995, *Kids e os profissionais*, de 1998, *Bully*, de 2001, e *Ken Park*, de 2002, e Gus Van Sant, com *Elefante*, de 2003, *Últimos dias*, de 2005, e *Paranoid Park*, de 2007.

O tópico intitulado "Pixote, João e a cena dentro dos muros da cidade" discorre sobre a cidade representada não apenas como centro de manifestação do poder e da autoridade, mas também como um espaço público de políticas relacionais e de sustentabilidade que busca favorecer estímulos para que o indivíduo se envolva em novas práticas subjetivas entre o público e o privado, ainda que instáveis e descontínuas. Tais práticas podem ser registradas pelo olhar sensível da câmera cinematográfica, que se faz valer de uma estrutura de ficção capaz de transpor o real para diferentes graus de semelhanças ou irrealidades, em sintonia com o pensamento de Walter Benjamin, segundo o qual a única maneira de apreender a cidade é se perder nela.

O item "Jovens em ação como figurantes ou protagonistas" trata das formas de relação com o espaço, como a questão do nomadismo/gregarismo[15], da *desterritorialização*[16] e do *não lugar*[17]. Analisam-se também alguns pensamentos sobre a juventude, norteados por Groppo[18], para quem a juventude constitui uma representação sociocultural e

---

15 Michel Maffesoli, *O tempo das tribos: o declínio do individualismo nas sociedades de massa*, trad. de Maria de Lourdes Menezes, Rio de Janeiro: Forense Universitária, 2000.
16 Arjun Appadurai, *Dimensões culturais da globalização: a modernidade sem peia*, trad. de Telma Costa, Lisboa: Teorema, 2004.
17 Marc Augé, *Não-lugares: introdução a uma antropologia da sobremodernidade*, trad. de Lúcia Mucznik, Lisboa: Bertrand, 1994.
18 Luís Antônio Groppo, *Juventude: ensaios sobre sociologia e história das juventudes modernas*, Rio de Janeiro: Difel, 2000.

uma situação social, e por Abramo[19], segundo o qual "precisamos falar de *juventudes*, no plural".

O termo *juventude* passou a ser objeto de atenção especial a partir das mudanças da segunda metade do século xx, com o *olhar* diferenciado de diversos filósofos e sociólogos. Partindo de um panorama sócio-histórico da década de 1980, observamos os problemas de crianças e jovens e suas relações sociais num discurso social vertical que não consegue atender à demanda com a precisão necessária. Nesse momento, o jovem ainda não é uma categoria institucionalmente reconhecida. Os deveres do Estado para com a proteção da criança e do adolescente são definidos no final da década, com a Constituição de 1988, e ratificados em 1990, com a criação do Estatuto da Criança e do Adolescente (ECA). Na década de 1990, surgem várias iniciativas de ONGs com ações voltadas para as relações geográficas, culturais e econômicas. Em 2005, é criado o Conselho Nacional da Juventude, articulando todos os projetos direcionados ao jovem. A PEC da Juventude, formalizada em julho de 2010, inclui o termo *jovem* no capítulo dos Direitos e Garantias Fundamentais da Constituição Federal e representa um passo importante para que a política nacional de juventude se consolide no Brasil como uma política efetivamente de Estado.

No campo cinematográfico, a década de 1980 marca a presença do jovem na produção de longas-metragens, com ênfase na busca de identidade, na denúncia, na abordagem sexual e no apelo musical. *Pixote*, de 1981, destaca-se por seu caráter híbrido de denúncia social e carga dramática. Em 1990, com a extinção da Embrafilme – empresa estatal brasileira de produção cinematográfica – aprofunda-se a crise do cinema brasileiro, abrindo mais espaço para o produto estrangeiro. Em 1993, com a Lei do Audiovisual, inicia-se o processo conhecido

---

19 Helena Wendel Abramo, "Condição juvenil no Brasil contemporâneo". em: Helena Wendel Abramo; Pedro Paulo Martoni Branco (org.), *Retratos da juventude brasileira: análises de uma pesquisa nacional*, São Paulo: Fundação Perseu Abramo e Instituto de Cidadania, 2005.

como Retomada do Cinema Brasileiro. Nos anos 2000, são produzidos filmes significativos fora da Região Sudeste, como *Amarelo manga* (2002), de Pernambuco, e *O céu de Suely* (2006), do Ceará. Em termos de bilheteria, *Meu nome não é Johnny*, de 2008, é considerada a única produção a ultrapassar mais de 1 milhão de espectadores no ano de seu lançamento. Em 2010, surgem produções qualificadas, realizadas por jovens estreantes em longas-metragens, que têm o jovem como protagonista, como em *Os famosos e os duendes da morte*, de Esmir Filho, e *Antes que o mundo acabe*, de Ana Luiza Azevedo, ambas produzidas no Sul do país.

No segundo capítulo, "Os gêneros ficcionais e a representação de um herói contemporâneo", é conceituado o *gênero* em sua classificação e evolução dos diferentes tipos de textos literários. De acordo com a concepção de Jesús Martín-Barbero[20], os gêneros são entendidos como mediações comunicativas que interagem no processo de configuração da expressividade social da cultura de massa. Silvia Borelli reforça a ideia de gênero como modelo dinâmico: "[...] hoje em dia os gêneros encontram-se na televisão, cinema, publicidade, prateleiras de videolocadoras. [...] São comédias, tragédias, melodramas, *westerns*, musicais, suspense e terror que circulam imageticamente pelos campos visuais"[21].

O item "Gêneros ficcionais: *Pixote* e *Meu nome não é Johnny*" estuda o sentido de gênero presente na linguagem cinematográfica de produções contemporâneas, elencando os gêneros que perpassam esses filmes: aventura, policial, ação, drama e melodrama. Para Jullier e Marie, "Os gêneros flutuam ao sabor das épocas, dos países, dos grupos socioculturais e dos círculos de fãs"[22]. Sobre essa questão, François

---

20 Cf. Jesús Martín-Barbero, *Dos meios às mediações: comunicação, cultura e hegemonia*, op. cit.
21 Silvia Helena Simões Borelli, *Ação, suspense, emoção: Literatura e cultura de massa no Brasil*, São Paulo: Educ; Estação Liberdade, 1996, p. 178.
22 Laurent Jullier; Michel Marie, *Lendo as imagens do cinema*, trad. de Magda Lopes, São Paulo: Editora do Senac, 2009.

Truffaut lembra a frase de um autor dramático: "Todos os gêneros são permitidos, exceto o gênero maçante"[23]. O cineasta, porém, retruca que aceitaria de bom grado essa definição desde que houvesse um entendimento acerca do que é maçante, o que seria impossível.

No item "Uma jornada pela juvenilidade", enfatiza-se o gênero aventura e levanta-se o comportamento factível de jovens em diferentes territórios de uma sociedade regida por uma ordem não cíclica e transitiva através do espaço dos mitos, conceituada por Lévi-Strauss[24]. A urgência psicológica do ser humano é acurada pela presença do herói através das variantes mitológicas. Segundo Campbell[25], existe "a mitologia que se relaciona com você e com o mundo natural e a que liga você a uma sociedade particular". São elencadas algumas produções brasileiras cujos roteiros foram inspirados na mitologia, como *Os doze trabalhos*, de 2007, *Lavoura arcaica*, de 2001, *Crede-mi*, de 1997, e *Orfeu*, de 1999.

O sentido de transgressão do herói é analisado a seguir e conceitua-se o anti-herói não como sinônimo de antagonista, mas como constituição irregular das características derivadas do herói. Concebe-se o anti-herói como aquele que busca satisfazer seu próprio interesse com posturas incorretas, transgredindo padrões sociais. A figura está presente em diversas expressões artísticas[26], tanto na literatura, com *Memórias de um sargento de milícias*, de Manuel Antônio de Almeida (1854), *Memórias de um gigolô*, de Marcos Rey (1968), *O grande mentecapto*, de Fernando Sabino (1979) e *O apanhador no campo de centeio*, de J. D. Salinger (1951); como na telenovela: *Beto Rockfeller*, de Bráulio Pedroso (1968-1969), *O astro*, de Janete Clair (1977-1978), *Roque Santeiro*, de Dias Gomes e Aguinaldo

---

23 François Truffaut, *O prazer dos olhos: textos sobre o cinema*, trad. de André Telles, Rio de Janeiro: Zahar, 2005, p. 329.
24 Cf. Claude Lévi-Strauss, *O pensamento selvagem*, trad. de Tânia Pellegrini, Campinas: Papirus, 2006.
25 Joseph Campbell, *O poder do mito*, op. cit.
26 Encontramos obras bem-sucedidas tanto na linguagem da literatura como na do cinema. É o caso de *Laranja mecânica*, *O grande mentecapto*, *Memórias de um gigolô* e *Macunaíma*, entre outras.

Silva (1985-1986) e *Cobras & lagartos*, de João Emanuel Carneiro (2006); e no cinema: *O selvagem da motocicleta*, de Francis Ford Coppola (1983), *Laranja mecânica*, de Stanley Kubrick (1971) e *Macunaíma*, de Joaquim Pedro de Andrade (1969). Temos, assim, uma variedade de protagonistas: o *rebelde sem causa*, o *macunaímico* e o *mentecapto*, flertando com o pícaro da literatura e a essência do herói *trickster*, figura recorrente nos relatos míticos estudados pela antropologia.

No século passado, o cinema brasileiro abarcou vários modelos de protagonistas em diferentes ciclos: o período da chanchada (entre as décadas de 1930 e 1950), com seus heróis malandros e carnavalescos, presentes sobretudo nas obras de Carlos Manga, como *Nem Sansão nem Dalila* (1954) e *O homem do Sputnik* (1959); o cinema novo (1960-1972), com seus heróis politizados, encontrados nos filmes *Terra em transe*, de Glauber Rocha (1967), e *São Paulo, Sociedade Anônima*, de Luís Sérgio Person (1965); o cinema marginal ou *udigrudi* (1968-1973), que respondeu à nova situação política com a estética do lixo e com seus heróis alienados, como em *O bandido da luz vermelha*, de Rogério Sganzerla (1968), e *Matou a família e foi ao cinema*, de Júlio Bressane (1969).

É importante destacar a existência de mais de um tipo de protagonista transgressor. João Guilherme, por exemplo, em *Meu nome não é Johnny*, altera normas de conduta pela postura de que não importam os meios, e sim a conquista final, a satisfação de seus próprios interesses. O protagonista do filme *Pixote*, ao contrário, sofre desapontamentos reais em sua trajetória de vida e assume conscientemente uma postura incorreta nos atos. Por algum motivo, porém, personagens como Pixote persistem na jornada até alcançar o possível ato heroico, num autossofrimento que beira o martírio.

A análise de algumas cenas do filme efetuada no terceiro e no quarto capítulos deste livro fundamenta-se nas palavras de Ismail Xavier sobre as escolhas da forma de narrativa de uma história, seus enquadramentos e elementos-chave (interpretação, trilha sonora, fotografia, cenário etc.):

O modo pelo qual se conta a história, os meios à disposição do autor, as limitações impostas pelo veículo usado, as convenções de linguagem aceitas ou recusadas, a inscrição ou não de determinado gênero. [...] Perguntei sempre: como se conta a história? Por que os fatos são dispostos deste ou daquele modo? O que está implicado na escolha de um certo plano ou movimento de câmara? Por que este enquadramento aqui, aquela música lá?[27]

O terceiro capítulo, "Pixote: o fraco desafia a lei", retrata o cinema, demonstrando uma preocupação com a identidade nacional através de um movimento inspirado no neorrealismo italiano e na Nouvelle Vague, que deu origem ao cinema novo. Esse capítulo apresenta o conteúdo do filme *Pixote*, bem como os gêneros ficcionais recorrentes na filmografia do diretor, junto com uma ideia da identidade da pessoa que se expressa, de seus interesses e dos motivos que o levaram a dirigir. Além disso, analisa também a natureza da obra e o contexto social global no qual foi produzida e no qual mergulhou o diretor, procurando conhecer a conjuntura política, econômica, social e cultural que propiciou sua produção.

Na primeira parte, "O vaticínio da cidade: melodrama, ação e aventura", aborda-se a presença do herói desamparado diante de reveses sociais, tentando formas de sobrevivência, em mínimas circunscrições e espaço, através de sucessivos delitos. A presença do drama social gira em torno da estrutura do protagonista Pixote, inspirado na obra de José Louzeiro, *Infância dos mortos*[28]. O diretor Hector Babenco cria o roteiro em conjunto com Jorge Duran, que, influenciado pelo neorrealismo italiano e pelo melodrama, denuncia as indefinições das políticas sociais destinadas à infância e à juventude.

Em sua explanação sobre a cidade, atravessada pelo indivíduo com *confiança* e *medo*, Zygmunt Bauman[29] preconizou o fim do sonho da

---

27 Ismail Xavier, *A experiência do cinema*, Rio de Janeiro: Graal, 1983, p. 12.
28 José Louzeiro, *Infância dos mortos*, Rio de Janeiro: Ediouro, 1999.
29 Cf. Zigmunt Bauman, *Confiança e medo na cidade*, op. cit.

pureza de seus moradores; não há figuras inocentes nas estratégias de sobrevivência para a ocupação do território junto ao vizinho, cuja especialidade é justamente incomodar. O maniqueísmo, a arquitetura fechada e a ótica egocentrista da cidade iludiram e desencantaram o protagonista de *Pixote*:

> Como muitas outras iniciativas dos poderes públicos, o sonho de pureza foi, na era da modernidade líquida, desregulamentado e privatizado; agir sobre esse sonho foi deixado para a iniciativa privada – local, de grupos. A proteção da segurança pessoal é agora uma questão de cada um, e as autoridades e a polícia local estão à mão para ajudar com conselhos, enquanto as imobiliárias assumem de bom grado o problema daqueles que são capazes de pagar por seus serviços.[30]

Na segunda parte do capítulo 3, "A juventude em clima de vulnerabilidade", avalia-se a insegurança dos espaços urbanos e a providente denúncia de mazelas urbanas, encontradas também em alguns filmes brasileiros que direta ou indiretamente se relacionam com o filme *Pixote*, como *Vera*, de Sérgio Toledo (1986), *Como nascem os anjos*, de Murilo Salles (1996), *Quem matou Pixote?*, de José Joffily (1996), e *Querô*, de Carlos Cortez (2007).

O quarto capítulo, "João Estrella, o indivíduo hipostasiado", apresenta o conteúdo do filme *Meu nome não é Johnny*, bem como os gêneros ficcionais recorrentes na filmografia do diretor Mauro Lima. Esse capítulo também está dividido em duas partes. Na primeira, "A busca pelo inexequível: prazer e drama", questiona-se o sentido da exaltação do hedonismo por parte do herói numa sociedade que se move no ritmo feérico da pós-modernidade; o indivíduo que ambiciona o lado de fora, que quer ser vislumbrado através das notícias e reivindica espaço no trânsito da pólis de neon. Tudo isso é retratado pela lente do diretor,

---

30 Zigmunt Bauman, *Modernidade líquida*, trad. de Plínio Dentzien, Rio de Janeiro: Zahar, 2001, p. 207.

que, baseado em história real escrita por Guilherme Fiúza, clama por efeitos lisérgicos num pacto de mão única, em que os conceitos de *sujeito, indivíduo* e *identidade* são subvertidos.

A segunda parte desse capítulo, "A juventude hedonista", concentra-se em alguns fatores que propagam o desejo da juventude envolvida pelo lixo cultural e pela falta de perspectivas para o futuro. Stuart Hall[31] afirma que a juventude experimenta variados estilos de vida que buscam quebras de paradigmas.

Os conceitos de *espaços* e *lugares,* do francês Michel de Certeau, esclareceram a situação de consolidação e ruptura de territórios. Por sua vez, o conceito de *enunciações pedestres* do mesmo autor ajuda a compreender o modo de ver a cidade pela ótica do personagem João Guilherme, protagonista do filme *Meu nome não é Johnny.*

> Se for verdade que existe uma ordem espacial que organiza um conjunto de possibilidades (por exemplo, por um local por onde é permitido circular) e proibições (por exemplo, por um muro que impede prosseguir), o caminhante atualiza algumas delas. Deste modo, ele tanto as faz ser como parecer. Mas também as desloca e inventa outras, pois as idas e vindas, as variações ou as improvisações da caminhada privilegiam, mudam ou deixam de lado elementos espaciais.[32]

Com base numa abordagem interdisciplinar nas Ciências Sociais, este livro pretende contribuir para um diálogo salutar entre cultura, padrões sociais e práticas juvenis, seja pela exposição de determinada condição do jovem protagonista transgressor nas telas de cinema sob o olhar de épocas distintas e contextos diferenciados de produção, seja pela singularidade do perfil de atuação das juventudes na sociedade.

---

31 Cf. Stuart Hall, *A identidade cultural na pós-modernidade,* trad. de Tomás Tadeu da Silva e Guacira Lopes Louro, Rio de Janeiro: DP&A, 2001.
32 Michel de Certeau, *A invenção do cotidiano: artes de fazer,* trad. de Ephraim Ferreira Alves, Petrópolis: Vozes, 2008, pp. 177-178.

Cinema: juventudes e metrópole

capítulo 1

> Escolhi o cinema. Claro que o cinema é uma máquina, uma arte da máquina, uma arte-indústria. Claro que eu estava possuído pela ideia, já em si complexa e recursiva, de compreender a sociedade com a ajuda do cinema e, ao mesmo tempo, compreender o cinema com a ajuda da sociedade.
>
> EDGAR MORIN

Por seu caráter representativo, o cinema tem a capacidade de compreender a presença do jovem em seu meio, observar seu caráter ambivalente de representação e seus caminhares imperfeitos. A escolha representativa implica necessariamente um ato político, pois, quando se escolhe algo para ser representado, prioriza-se a elaboração de um discurso pertinente para sua execução. Michel Foucault afirma que:

> Em toda sociedade a produção do discurso é ao mesmo tempo controlada, selecionada, organizada e redistribuída por certo número de procedimentos que têm por papel conjurar seus poderes e seus perigos, dominar seu acontecimento aleatório, esquivar sua pesada e temível materialidade.[1]

Ao perceber as características de uma representação, busca-se apreender os movimentos socioideológicos que operam em determinado meio numa época específica. Priorizar a estrutura comunicativa de um enredo e destacar *quem* fala e *de onde* o faz constitui uma escolha socialmente reveladora, pois dar o poder de imagem e/ou voz a determinado personagem – ou ao que ele representa – é mais que uma escolha

---

1 Michel Foucault, *A ordem do discurso*, trad. de Laura Fraga de Almeida Sampaio, São Paulo: Edições Loyola, 2001, p. 8.

cabal e não deveria, portanto, ser tratada como algo fortuito, sem embasamento lógico. Sobre tal estrutura da ficção, Morin discorre:

> A ficção, como o nome indica, não é a realidade, ou melhor, a sua realidade fictícia não é senão a irrealidade imaginária. A camada imaginária pode ser muito fina, quase translúcida, um simples pretexto em torno da imagem objetiva. Ou pode, pelo contrário, envolvê-la numa gangue fantástica. Conforme os tipos de ficção (ou gêneros de filme), assim haverá outros tantos graus de irrealidade ou de realidade. Pode definir-se cada tipo de ficção segundo a liberdade e a virulência das projeções-identificações imaginárias em relação à realidade, segundo a resistência ou a intransigência do real em relação ao imaginário, ou seja, no fim das contas, segundo o sistema complexo de credibilidade e de participações. Ou, por outras palavras: necessidades afetivas e necessidades racionais entrearquitecturam-se a fim de constituírem complexos de ficção. Estas necessidades são diversamente determinadas, segundo as idades da vida e da sociedade, as classes sociais, etc. Paralelamente, as tendências dominantes da ficção aparecem-nos como outras tantas linhas de forças culturais. Passamos, insensivelmente, do plano antropológico para o plano histórico e sociológico.[2]

O escuro e as imagens em movimento

A referência mais antiga ao cinema brasileiro data de 19 de junho de 1898. Nessa data, o cinegrafista italiano Affonso Segretto, a bordo do navio *Brésil*, registrou algumas imagens da baía de Guanabara com uma câmera de filmar Lumière, que acabara de adquirir em Paris. Embora o filme nunca tenha sido exibido, a Cinemateca Brasileira[3] adotou

---

2 Edgar Morin, *O cinema ou o homem imaginário: ensaio de antropologia*, trad. de António-Pedro Vasconcelos, Lisboa: Relógio D'Água Editores, 1997, pp. 189-190.
3 A Cinemateca Brasileira é a instituição responsável pela preservação da produção audiovisual brasileira. Desenvolve atividades em torno da difusão e da restauração de seu acervo, um dos maiores da América Latina.

o evento como marco e, dentro de seu espírito de preservar e divulgar o cinema nacional, essa data passou a ser considerada Dia do Cinema Brasileiro.

O cinematógrafo foi inventado em 1895 pelos irmãos Lumière para fins científicos; a partir daí o cinema incorporou-se como força motriz do imaginário coletivo do século xx, permanecendo até os dias atuais como uma forte indústria de economia e entretenimento e, em outra vertente, também como ferramenta de transgressões poéticas, políticas e investigativas.

A educação pelo olhar é inerente à formação do sujeito desde seus primórdios e é fundamental para a interpretação da relação deste com a tessitura da linguagem do cinema (em sua história, estética e abordagens diversas). Levanta a sua bandeira em elegante movimento na direção de um conluio com o imaginário e da interação entre a emoção e a cumplicidade, que visa radiografar o pacto ficcional e decifrar uma consequente abstração pessoal mediada pela câmera. O professor estadunidense Robert Stam afirma que, como tecnologia da representação,

> o cinema está equipado de modo ideal para multiplicar magicamente tempos e espaços; tem a capacidade de entremear temporalidades e espacialidades bastante diversas; um filme de ficção, por exemplo, é produzido numa gama de tempo e lugares, e representa uma outra constelação [diagética] de tempos e espaços, sendo ainda recebido em outro tempo e espaço [na sala de cinema, em casa, na sala de aula]. A conjunção textual de som e imagem em um filme significa não apenas que cada trilha apresenta dois tipos de tempo, mas também que essas duas formas de tempo mutuamente fazem inflexões uma sobre a outra numa forma de síncrese.[4]

---

4 Robert Stam, *A literatura através do cinema: realismo, magia e arte da adaptação*, trad. de Marie-Anne Kremmer; Gláucia Renate Gonçalves, Belo Horizonte: Editora UFMG, 2008, p. 33.

Sendo o filme uma forma simbólica moderna que engloba vários tipos de linguagem, torna-se pertinente avaliar a geografia definida para o encontro entre a imagem e o texto com o registro de algumas digressões. Segundo Thompson, a análise de formas simbólicas, como o cinema,

> está interessada nas condições sociais e históricas da produção, circulação e recepção das formas simbólicas; podem-se examinar a justaposição de palavras e imagens; os ângulos; as cores; as sequências das imagens usadas; a sintaxe; o estilo e o tom da linguagem empregada; a estrutura da narração ou o argumento; o quanto a estrutura narrativa ou argumentativa dá lugar à digressão ou discordâncias; o uso de efeitos especiais como retrospectivas (*flashbacks*) e sobreposição de som; as maneiras como a tensão narrativa se combina a características como humor, sexualidade e violência.[5]

Acrescenta-se a esse argumento o trabalho de montagem (edição); o recorte opcional inscrito no enredo, que aponta qual característica de protagonista o filme (e o diretor) deseja apresentar e qual a visão de mundo expressa pelo autor nas escolhas definidas no enredo.

Para Ismail Xavier, há quem tome o cinema como lugar de revelação, de acesso a uma verdade inatingível por outros meios e também há quem assuma tal poder revelatório como uma simulação de acesso à verdade, engano que não é acidental, mas constitui uma estratégia. Como exemplo de sucessões de imagens criadas por uma montagem, capazes de sugerir relações novas e diferentes significados, Xavier cita o oportuno experimento do cineasta russo Lev Kulechov (1899-1970), que selecionou uma única tomada do rosto de um ator e a inseriu em

---

5 John B. Thompson, *Ideologia e cultura moderna: teoria social crítica na era dos meios de comunicação de massa*, trad. do Grupo de Estudos sobre Ideologia, comunicação e representações sociais da Pós-Graduação do Instituto de Psicologia da PUCRS, Petrópolis: Vozes, 1995, p. 394.

contextos diferentes, verificando que, a cada combinação, o rosto parecia expressar algo distinto, entre ternura, fome e alegria. Ao escrever sobre o olhar do cinema como mediação, o autor diz:

> O usufruto desse olhar privilegiado, não sua análise, é algo que o cinema tem nos garantido, propiciando essa condição prazerosa de ver o mundo e estar a salvo, ocupar o centro sem assumir encargos. Estou presente, sem participar do mundo observado. Puro olhar, insinuo-me invisível nos espaços a interceptar os olhares de dois interlocutores, escrutinar reações e gestos, explorar ambientes, de longe, de perto. Salto com velocidade infinita de um ponto a outro, de um tempo a outro. Ocupo posições do olhar sem comprometer o corpo, sem os limites do meu corpo. Na ficção cinematográfica junto com a câmera, estou em toda parte e em nenhum lugar; em todos os cantos, ao lado das personagens, mas sem preencher espaço, sem ter presença reconhecida. Em suma, o olhar do cinema é um olhar sem corpo. Por isso mesmo ubíquo, onividente. Identificado com esse olhar, eu espectador tenho o prazer do olhar, que não está situado, não está ancorado – vejo muito mais e melhor.[6]

Ao analisar a obra de arte na era de sua reprodutibilidade técnica, Walter Benjamin considera que a realização de um filme, principalmente de um filme sonoro, oferece um espetáculo jamais visto em outras épocas. Durante a filmagem, não existe um único ponto de observação que nos permita excluir do nosso campo visual as câmeras, os aparelhos de iluminação, os assistentes e outros objetos alheios à cena. E o autor chega a comparar o trabalho do cinegrafista ao de um pintor:

> O pintor observa em seu trabalho uma distância natural entre a realidade dada e ele próprio, ao passo que o cinegrafista penetra profundamente

---

6 Ismail Xavier, *O olhar e a cena*, São Paulo: Cosac Naify, 2003, pp. 36-37.

as vísceras dessa realidade. As imagens que cada um produz são, por isso, essencialmente diferentes. A imagem do pintor é total, a do operador é composta de inúmeros fragmentos, que se recompõem segundo novas leis. Assim, a descrição cinematográfica da realidade é para o homem moderno infinitamente mais significativa que a pictórica, porque ela lhe oferece o que temos o direito de exigir da arte: um aspecto da realidade livre de qualquer manipulação pelos aparelhos, precisamente graças ao procedimento de penetrar, com os aparelhos, no âmago da realidade.[7]

O cinema, enquanto potencial artístico, tem um papel fundamental no interior de um cenário social, como espaço de fruição criadora que deve caminhar articulado ao pensamento lógico-racional, possibilitando, assim, a formação de valores e princípios éticos e/ou estéticos, embora abarque a atenção e a sensibilidade de diferentes gerações capazes de ficar vulneráveis, extasiadas em ócio, diante de uma tela gigante que traduz imagéticas fotografias em movimento. Observemos as reflexões de Roland Barthes sobre o rosto na tela da atriz Greta Garbo:

> Garbo pertence ainda a essa fase do cinema em que o enfoque de um rosto humano deixava as multidões profundamente perturbadas, perdendo-se literalmente numa imagem humana como num filtro, em que a cara constituía uma espécie de estado absoluto da carne que não podia ser atingido nem abandonado. Alguns anos antes, o rosto de Valentino provocava suicídios; o de Garbo participa ainda do mesmo reino do amor cortês, onde a carne desenvolve sentimentos místicos de perdição. [...] O rosto de Garbo representa o momento frágil em que o cinema está prestes a extrair uma beleza existencial de uma beleza essencial, em que o arquétipo está se

---

7 Walter Benjamin, "A obra de arte na era de sua reprodutibilidade técnica", em: Walter Benjamin, *Obras escolhidas I: Magia e técnica, arte e política*, trad. de Sérgio Paulo Rouanet, São Paulo: Brasiliense, 1987, p. 187.

infletindo em direção ao fascínio pelos rostos perecíveis, em que a clareza das essências carnais cederá o seu lugar a uma lírica mulher.[8]

Em suas observações sobre a arte da fotografia, Walter Benjamin cita a importância do cinema russo no confronto entre a fotografia criadora e a construtiva, afirmando que as grandes realizações de seus diretores somente seriam possíveis num país em que a fotografia não visa à excitação e à sugestão, mas à experimentação e ao aprendizado. Ele indaga:

> Mas existe em nossas cidades um só recanto que não seja o local de um crime? Não é cada passante um criminoso? Não deve o fotógrafo, sucessor dos áugures e arúspices, descobrir a culpa em suas imagens e denunciar o culpado? Já se disse que "o analfabeto do futuro não será quem não sabe escrever, e sim quem não sabe fotografar". Mas um fotógrafo que não sabe ler suas próprias imagens não é pior que um analfabeto? Não se tornará a legenda a parte mais essencial da fotografia?[9]

A linguagem cinematográfica contém em sua essência o potencial de contar histórias com uma técnica aprimorada e – por intermédio desse fato – adquire a sensibilidade de produzir imagens hegemônicas e sensações características em sintonia com o imaginário de quem presencia e comunga o ato com o sujeito/personagem. Segundo Benjamin: "O cinema introduziu uma brecha na velha verdade de Heráclito segundo a qual o mundo dos homens acordados é comum, o dos que dormem é privado"[10]. Apesar de exigir a mesma capacidade de abstração que o sonho, o cinema não submete o espectador à realidade de

---

8 Roland Barthes, *Mitologias*, trad. de Rita Buongermino e Pedro de Souza, Rio de Janeiro: Bertrand Brasil, 1999, pp. 48-49.
9 Walter Benjamin, *Obras escolhidas I: Magia e técnica, arte e política*, trad. de Sérgio Paulo Rouanet, São Paulo: Brasiliense, 1994, p. 107.
10 *Idem*, "A obra de arte na era de sua reprodutibilidade técnica", *op. cit.*, p. 190.

algo irreal. Sobre essa questão, o filósofo contemporâneo Edgar Morin oportunamente afirma:

> Mais próximo que o cinema é o sonhar acordado, também ele a meio caminho entre a vigília e o sonho. Aqui a segregação entre o sonhador e a sua fantasia vai muito mais longe que durante o sono: ao mesmo tempo em que vamos vivendo amores, riquezas e triunfos, continuamos, do outro lado do sonho, nas margens prosaicas da vida quotidiana, a sermos nós próprios. Há uma vigília a controlar estes sonhos diurnos, a impedi-los de extravasarem demasiado fantástica e livremente... Mas, tal como o sonho, o sonhar acordado é também uma *closed vision*, uma cristalização, no vazio, dos fantasmas da subjectividade, ao passo que o filme é uma *opened vision*, aberta ao mundo, porque também por ele determinada.[11]

São inúmeros os requisitos pertinentes à estrutura cinematográfica – roteiro, trilha sonora, fotografia, montagem, entre outros – que, se atingidos a contento em seu conjunto, podem qualificar uma película e elevá-la ao patamar de obra-prima. Segundo Jullier e Marie, os grandes sucessos do cinema têm um ponto em comum: contar histórias. Contar em imagens e em sons supõe selecionar algumas peripécias para, depois, mostrá-las em certa ordem e grau de clareza, mas propondo ao público um posicionamento ético e estético:

> A maioria das histórias – e, uma vez mais, os filmes que deslocam multidões – apresenta personagens inicialmente em situação de *desequilíbrio*, ou que não demoram a se encontrar, quando um elemento perturbador irrompe em sua vida. Em geral esse desequilíbrio toma a forma de uma tarefa que exige ser realizada, uma busca que invoca uma conclusão, ou um objeto que provoca a cobiça. Em suma, eis o nosso protagonista munido

---

11 Edgar Morin, *O cinema ou o homem imaginário: ensaio de antropologia*, trad. de António-Pedro Vasconcelos, Lisboa: Relógio D'Água Editores, 1997, p. 177.

de um propósito que promete o retorno ao equilíbrio ou sua descoberta: partir, instalar-se, redimir-se, casar-se, morrer em paz, restaurar a liberdade, matar o tirano, roubar o dinheiro ou joias. [...] Os outros personagens se posicionam, na verdade, com relação a este propósito. Alguns vão ajudá-lo a conseguir isso, outros tentarão impedi-lo; e há outros, enfim, aos quais essa agitação será indiferente. Às vezes não serão pessoas, mas um ambiente – a natureza, a cidade, a revolução em andamento, o rumo da história, entre outros – que ajudará ou porá obstáculos ao nosso protagonista.[12]

É impossível falar de cinema sem associá-lo com o sentido imaginário do homem. Segundo Morin, ele é "[...] o além multiforme e multidimensional de nossas vidas, no qual se banham igualmente nossas vidas. É o infinito jorro virtual que acompanha o que é atual, isto é, singular, limitado e finito no tempo e no espaço"(1977)[13].

Observando que vivemos num mundo com muitas espécies de realismos – mágicos, socialistas, capitalistas e outros que ainda não têm nome –, Arjun Appadurai afirma que é mais consequente para os nossos objetivos o fato de a imaginação ter adquirido atualmente uma força nova e singular na vida social – expressa em sonhos, canções, fantasias, mitos e contos –, sempre presente no repertório de qualquer sociedade organizada culturalmente:

> Uma das principais alterações da ordem social global, criadas pelas tecnologias do cinema, televisão e vídeo (e pelo modo como elas enquadram e estimulam outros meios de comunicação mais antigos) tem a ver com o papel da imaginação na vida social. [...] Em geral, imaginação e fantasia eram antídotos para a finitude da experiência social. Nas últimas duas décadas, à medida que a desterritorialização de pessoas, imagens e ideias

---

12 Laurent Jullier; Michel Marie, *Lendo as imagens do cinema*, op. cit., p. 60.
13 Edgar Morin, *Cultura de massas no século XX: o espírito do tempo*, trad. de Maura Ribeiro Sardinha, Rio de Janeiro: Forense Universitária, 1984, v. 1: Neurose, p. 80.

foi ganhando nova força, o fiel da balança foi-se deslocando imperceptivelmente. Mais pessoas em todo o mundo veem as suas vidas pelo prisma das vidas possíveis oferecidas pelos meios de comunicação de massas sob todas as suas formas. Ou seja, a fantasia é agora uma prática social; entra, de infinitos modos, no fabrico de vidas sociais para muitas pessoas em muitas sociedades; [...] as mais duras desigualdades vividas estão agora abertas ao jogo da imaginação. Presos políticos, crianças, operárias, mulheres a trabalhar nos campos e nas fábricas do mundo e outras cuja sorte é dura já não veem nas suas vidas o mero resultado que as coisas dão, mas um compromisso irônico entre o que podiam imaginar e o que a vida social permite.[14]

Com o prenúncio da modernidade, as engrenagens adquirem forma e movimento com o direcionamento do mundo para os efeitos da técnica que, oportunamente, profetiza: quem a dominar terá o predomínio sobre os outros. Está instaurado o desafio ao *novo* herói. Benjamin enfatiza que "o herói é o verdadeiro objeto da modernidade. Isso significa que, para viver a modernidade, é preciso uma constituição heroica"[15]. A cultura de massa apropria-se do imaginário coletivo adequando-o à lei do mercado – imagens, *slogans*, sons e palavras –, que suprem as necessidades que se apresentam. Segundo Morin, ela se desenvolve em seus campos comuns imaginários no espaço: a tendência ao máximo de público leva-a a se adaptar às classes sociais, às idades, às nações diferentes. Mas isso não a impede de expressar correntes sociais predominantes na civilização ocidental.

Os meios de comunicação difundem práticas culturais amplas diante da necessidade de atender a uma variedade de gostos. Embora tenham sido criados produtos para públicos segmentados, a partir dos

---

14 Arjun Appadurai, *Dimensões culturais da globalização: a modernidade sem peia*, op. cit., pp. 78-79.
15 Walter Benjamin, *Obras escolhidas III: Charles Baudelaire, um lírico no auge do capitalismo*, trad. de José Carlos Martins Barbosa e Hemerson Alves Baptista, São Paulo: Brasiliense, 1994, p. 74.

anos 1950 os filmes, a música e a literatura concentraram-se no público jovem. Em filmes protagonizados por jovens astros, como Marlon Brando, Elvis Presley e James Dean, o cinema propaga a imagem do jovem rebelde diante de uma sociedade que não o compreendia. Surge assim a *temática da juventude*[16], aliada a uma tríade composta por mídia, consumo e juventude.

Em sua reflexão sobre o cinema, Walter Benjamin revela que "o filme serve para exercitar o homem nas novas percepções e reações exigidas por um aparelho técnico cujo papel cresce cada vez mais em sua vida cotidiana. [...] é essa a tarefa histórica cuja realização dá ao cinema o seu verdadeiro sentido"[17]. O autor valoriza o seu pensamento crítico ao vislumbrar um potencial emancipatório na massificação da cultura, com as novas técnicas de reprodução das obras de arte.

Ainda de acordo com Benjamin, as obras de arte anteriormente estavam a serviço de um ritual – primeiro mágico, depois religioso – e de um grupo seleto de pessoas, uma classe privilegiada. Com as novas técnicas de reprodução, com a perda da aura, a obra de arte passou a ser reproduzida e difundida para outras classes sociais, contribuindo para a emancipação de seu papel ritualístico. Benjamin também ressalta os aspectos negativos e positivos da obra de arte e suas novas técnicas de reprodução. O fascismo, através da estetização da política, pôde utilizar as massas no culto do líder. Por outro lado, com a possibilidade de politização da arte, surgiu um caminho para a emancipação da sociedade.

Em seus primeiros textos, Theodor Adorno destaca o caráter ideológico da sociedade cultural, apresentando uma visão negativa do que ele

---

16 "A temática da juventude é um dos elementos fundamentais da nova cultura. Não são apenas os jovens e os adultos jovens os grandes consumidores de jornais, revistas, discos, programas de rádio, mas os temas da cultura de massa são também os temas jovens" (Edgar Morin, *Cultura de massas no século XX: o espírito do tempo*, op. cit., v. 1: Neurose, p. 39).

17 Walter Benjamin, "A obra de arte na era de sua reprodutibilidade técnica", *op. cit.*, p. 174.

denomina indústria cultural. Segundo o pensador, a técnica não deve ser pensada de forma absoluta, mas deve ser relativizada, uma vez que proporciona a produção em série e, consequentemente, rompe com a distinção entre o que é arte e o que é o próprio sistema social. O cinema e o rádio não devem ser tomados como arte, pois são apenas negócios a serviço da reprodução capitalista e da coisificação e padronização da cultura. Uma das funções do cinema seria, então, a de regulador moral das massas, domando seus instintos revolucionários e emancipatórios, incutindo em suas cabeças um padrão de comportamento exibido em seus filmes, no sentido de manter e perpetuar o sistema.

> Ultrapassando de longe o teatro de ilusões, o filme não deixa mais à fantasia e ao pensamento dos espectadores nenhuma dimensão na qual estes possam, sem perder o fio, passear e divagar no quadro da obra fílmica, permanecendo, no entanto, livres do controle de seus dados exatos. E é assim precisamente que o filme adestra o espectador entregue a ele para se identificar imediatamente com a realidade. [...] São feitos de tal forma que sua apreensão adequada exige, é verdade, presteza, dom de observação, conhecimentos específicos, mas também de tal sorte que proíbem a atividade intelectual do espectador, se ele não quiser perder os fatos que desfilam velozmente diante de seus olhos.[18]

Na pós-modernidade, paralelamente ao desenvolvimento de tecnologias, acontece o que o filósofo polonês Zygmunt Bauman[19] caracteriza como os novos modos de vinculação entre as pessoas: a diluição das relações intersubjetivas da maneira como se estruturam na modernidade. A solidez do vínculo interpessoal desenvolvido ao longo da vida, com estruturas sustentadas pela ideologia do comunitário como

---

18 Theodor W. Adorno; Max Horkheimer, "A indústria cultural: o esclarecimento como mistificação das massas", *op. cit.*, p. 119.
19 Zigmunt Bauman, *Vidas desperdiçadas*, trad. de Carlos Medeiros, Rio de Janeiro: Zahar, 2005.

base, com a história comum e uma identidade fundada no lugar – o sólido, permanente –, torna-se fluida, adotando novas configurações. Com o evento pós-moderno é estabelecida a suprema ponte dos meios tecnológicos de comunicação (simulação) entre os seres e o mundo com um novo estilo de vida, ideias, atitudes e possibilidades.

A certeza da vida em comum entra em crise com uma passagem para a incerteza e a liquidez do entorno, que se torna volátil, utilizando a individualização como estratégia de comprometimento com o novo cenário. Tudo passa a ser medido com base no indivíduo e o todo tem como referências o consumo e a cultura juvenil. A essência do mundo apodera-se do *agora*. De acordo com Jair Ferreira dos Santos, a pós--modernidade motiva e controla pela sedução:

> Seduzir quer dizer atrair, encantar artificialmente. O cotidiano, hoje, é o espaço para o envio de mensagens encantatórias destinadas a fisgar o desejo e a fantasia, mediante a promessa da personalização exclusiva. *Self-service* para você escolher. Música 24 horas na FM para seu deleite. Esportes e massagens para o seu corpo. À personalização aliam-se o erotismo, o humor e a moda, que não deixam espaços mortos no dia a dia. O teste é permanente. O erotismo vai dos anúncios ao surto pornô, passando pela cultura psi e seu convite ao desrecalque. O humor, outra sedução massiva pós-moderna, sabor dos tempos, descontrai e desdramatiza o social. Na arte moderna, ria-se com o absurdo, assunto sério. Atualmente, o lance é rir sem tensão, descripar-se, desencucar-se.[20]

Esse panorama foi preconizado pela definição de espetáculo dada pelo filósofo francês Guy Debord[21], que faz uma acirrada crítica à superabundância de imagens estabelecida na cena social do Ocidente e ao predomínio da noção de entretenimento na vida social, juntando os

---

20 Jair Ferreira dos Santos, *O que é pós-moderno*, São Paulo: Brasiliense, 1986, p. 98.
21 Um dos líderes dos movimentos estudantis ocorridos na França em maio de 1968.

patamares cultural e econômico. "[...] o espetáculo constitui o modelo presente da vida socialmente dominante. Ele é a afirmação onipresente da escolha já feita na produção, e o seu corolário o consumo".[22]

A rebeldia do jovem na tela mundial

De acordo com Joseph Campbell, os adolescentes fabricam os seus mitos por conta própria. Por isso veem-se grafites por toda a cidade. "Esses adolescentes têm suas próprias gangues, suas próprias iniciações, sua própria moralidade. Estão fazendo o melhor que podem. Mas são perigosos, porque suas leis não são as mesmas da cidade. Eles não foram iniciados na nossa sociedade."[23]

Podemos citar algumas experiências seminais de séculos passados, que até hoje repercutem em nosso imaginário e que delinearam comportamentos de jovens transgressores em confronto com a sociedade, como a perda da inocência e as vicissitudes do individualismo.

O romance *Os sofrimentos do jovem Werther*, escrito em 1774 por Johann Wolfgang von Goethe (1749-1832) em tom autobiográfico, é considerado um marco da literatura mundial. Uma paixão não correspondida leva o protagonista a sofrer aflições e tormentos que culminam em seu suicídio – ato que foi imitado por muitos jovens europeus na vida real. O texto foi adaptado em 1887 pelo francês Jules Massenet, para uma ópera em quatro atos, *Werther*, e transposto para o cinema por Libor Pesek (França, 1985).

Em 1951, o escritor norte-americano Jerome David Salinger (1919--1910) lançou seu livro *O apanhador no campo de centeio* (*The Catcher in the Rye*)[24], que causou reações incômodas na sociedade da época por

---

22 Guy Debord, *A sociedade do espetáculo: comentários sobre a sociedade do espetáculo*, trad. de Estela dos Santos Abreu, Rio de Janeiro: Contraponto, 1997, p. 9.
23 Joseph Campbell, *O poder do mito*, op. cit., p. 9.
24 Jerome David Salinger, *O apanhador no campo de centeio*, trad. de Álvaro Alen-

abordar os conflitos de um jovem de 17 anos, Holden Caulfield, às voltas com suas dúvidas, medos, inseguranças e conflitos. Desse modo, chamou a atenção para o termo *juventude*, numa época em que se passava diretamente da infância para a idade adulta. Repleto de gírias e palavrões, o livro chegou a ser censurado na época de seu lançamento. Inteligente, mentiroso, sensível e contestador, Holden apresenta as características de um anti-herói e deu voz ao jovem da geração do segundo pós-guerra.

Indiretamente, *O apanhador no campo de centeio* marcou um trágico acontecimento na sociedade contemporânea. Em 1980, um jovem perturbado, Mark Chapman, disparou cinco tiros contra o ex-beatle John Lennon e, após o ato, sentou-se na calçada, abriu um exemplar do livro e começou a lê-lo. Como reitera Campbell[25], Lennon sem dúvida foi um herói; do ponto de vista mitológico, foi um inovador, desenvolvendo junto aos Beatles uma forma de arte em perfeita sintonia com seu tempo.

Salinger, precocemente recluso e infelizmente avesso ao cinema, jamais permitiu que sua obra mais famosa fosse adaptada para a sétima arte[26].

> Alguém tinha escrito "Foda-se" na parede. Fiquei furioso de ódio. Imaginei a Phoebe e todas as outras crianças lendo o que estava escrito: iam ficar pensando que diabo significava aquilo, até que, afinal, algum garoto sujo ia dizer a elas – naturalmente tudo errado – o que queria dizer aquela palavra. E elas todas iam ficar pensando na coisa, e talvez até se preocupando com aquilo durante alguns dias. Me deu vontade de matar o safado que tinha escrito aquilo. Imaginei que devia ter sido algum tarado, que havia entrado escondido na escola tarde da noite, para dar uma mijada ou coisa parecida, e aí tivesse escrito aquilo na parede. Me imaginei pegando o sacana em

---

car; Antônio Rocha e Jório Dauster, Rio de Janeiro: Editora do Autor, 1987.
25 Joseph Campbell, *O poder do mito*, op. cit.
26 No filme *Teoria da conspiração* (*Conspiracy theory*, Richard Donner, 1997), o protagonista Jerry Fletcher (Mel Gibson) compra o livro de Salinger compulsivamente.

flagrante e batendo com a cabeça dele nos degraus de pedra, até que ele estivesse todo ensanguentado e bem morto. Mas eu sabia que não ia ter coragem de fazer um negócio desses.[27]

Os boas-vidas (*I Vitelloni*, 1953) talvez seja o primeiro grande filme do diretor italiano Federico Fellini. Retrata a história de cinco amigos numa pequena cidade da Itália, jovens que são típicos *vitelloni* (inúteis), levando uma vida boêmia repleta de bebidas e mulheres. Eles têm em comum a existência ociosa, sem profissão ou projetos futuros. Um grupo de vagabundos que têm dificuldades para encontrar um sentido para a vida. Fellini escreveu o roteiro com Enio Flaiano, baseado em suas experiências pessoais e nas histórias do amigo Tullio Pinelli, que roteirizou *A Doce Vida*. O filme pode ser considerado como um depoimento encenado do diretor a respeito de sua juventude em Rimini, sua cidade natal. A história dos boas-vidas surge por meio de uma voz que atua como testemunha privilegiada. Tudo começa em uma festa logo interrompida por uma tempestade, prenúncio dos conflitos que envolverão os protagonistas.

O cineasta francês François Truffaut (1932-1984) imortalizou o personagem Antoine Doinel (interpretado por Jean-Pierre Léaud) com uma sequência de quatro filmes iniciada com seu primeiro longa *Os incompreendidos*, de 1959. Durante os testes para o protagonista de 13 anos, o jovem candidato a ator, então com 14 anos, era, segundo Truffaut, menos soturno que Doinel – que age sempre às escondidas, finge-se submisso, para, no final, fazer apenas o que tem vontade – mas, como o personagem, era solitário, antissocial e estava à beira da revolta, apesar de, como adolescente, ser muito mais saudável, mostrando-se desafiador. Durante o primeiro teste, disse diante da câmera: "Parece que o senhor está procurando um cara sacana, então eu vim". Sobre a adolescência, o diretor afirmou

---

27 Jerome David Salinger, *O apanhador no campo de centeio*, op. cit., p. 170.

que, se o mundo é injusto, temos que nos virar, então somos incompreendidos.

> Antoine Doinel avança na vida como um órfão e procura famílias substitutas. Infelizmente, quando as encontra, tende a fugir, pois permanece um escapista. Doinel não se opõe abertamente à sociedade, e nesse aspecto não é um revolucionário, seguindo o seu caminho à margem da sociedade, desconfiando dela e buscando ser aceito por aqueles a quem ama e admira, pois sua boa vontade é total. Antoine Doinel não é o que se chama de um personagem exemplar, tem charme e abusa dele, mente muito, pede mais amor do que ele próprio tem a oferecer, não é um homem em geral, é um homem em particular. Antoine Doinel ama a vida, ama sobretudo não ser mais criança, isto é, alguém de quem se dispõe sem lhe pedir opinião, alguém que se deixa de lado, que se esquece ou se rejeita cruelmente.[28]

Em 1953, Marlon Brando viveu o personagem principal de *O selvagem* (*The Wild One*), de Laslo Benedek, em cujas cenas o ator, curiosamente, usou sua própria moto, atuando como líder de uma gangue de motociclistas conhecida como *Black Rebels Motorcycle Club*. Sua imagem na tela como um motoqueiro revoltado, vestindo sempre sua jaqueta de couro, transformou o filme num verdadeiro marco cultural da chamada *juventude transviada*, influenciando decisivamente os costumes de uma época marcada pela repressão.

Convém lembrar que, já nos anos 1930, os atores Mickey Rooney e Judy Garland, então bastante jovens, foram protagonistas de produções atualmente conhecidas como *teen movies*. Os musicais produzidos pela MGM, *Sangue de artista* (*Babes in Arms*, 1939), *O rei da alegria* (*Strike up the Band*, 1940), *Calouros na Broadway* (*Babes on Broadway*, de 1941) e *Louco por saias* (*Girl Crazy*, 1943), além de bons roteiros,

---

28 François Truffaut, *O prazer dos olhos: textos sobre o cinema*, op. cit., p. 30.

tinham também boa qualidade interpretativa e musical, com direito ao brilho do *star system* do momento.

Mais adiante, a juventude encantou-se com outro ídolo, e a sociedade chocou-se com a atuação de James Dean em *Juventude transviada* (*Rebel without a Cause*). Nesse filme, dirigido por Nicholas Ray em 1955, Jim Stark (Dean), um bom garoto de classe média norte-americana, com família e boa formação escolar, rebela-se, como outros jovens do período pós-guerra, torna-se delinquente e, sem causa aparente, envolve-se em sucessivos delitos marcados pela violência.

A inquietude no cinema norte-americano também foi eternizada pelos filmes musicais protagonizados por Elvis Presley, cujo desempenho como adolescente contestador e irresistível marcou toda uma época. Elvis construiu sua fama de transgressor com a chamada "trilogia rebelde": *A mulher que eu amo* (*Loving You*, 1957), dirigido por Hal Kanter, que narra a história de um jovem talento em ascensão; *Prisioneiro do rock and roll* (*Jailhouse Rock*, 1957), dirigido por Richard Thorpe, cujo protagonista se torna cantor na cadeia; e *Balada sangrenta* (*King Creole*, de 1958), dirigido por Michael Curtiz, em que representa um jovem cantor que acaba se envolvendo com gangues.

Em 1962, o escritor inglês Anthony Burgess publicou sua obra-prima *Laranja mecânica* (*A Clockwork Orange*), que, num cenário futurista, conta a história do delinquente juvenil Alex, o líder de uma gangue, amante de música clássica, que, movido por impulsos destrutivos, pratica atos degenerados. Ao ser preso, é utilizado como cobaia pelo Estado numa questionável experiência, o *Método Ludovico*, cuja intenção é frear os maus instintos e devolver alguém *bom* para a sociedade. Ao sair às ruas, *recuperado*, Alex é assediado por suas vítimas. O livro propõe um questionamento ético sobre as atitudes do anti-herói Alex e sua punição na sociedade. A obra foi adaptada para o cinema em 1971 pelo diretor Stanley Kubrick, com a interpretação memorável de Malcolm McDowell; sua imagem como protagonista, estampada no cartaz do filme, é frequentemente venerada em meios juvenis.

O diretor estadunidense Francis Ford Coppola dirigiu seu olhar cinematográfico para a juventude em duas produções de 1983: *Vidas sem rumo* (*The Outsiders*) e *O selvagem da motocicleta* (*Rumble Fish*). Na primeira, abordou uma turma de jovens suburbanos de uma pequena cidade, Tulsa, que amargam preconceitos em virtude da ascendência mexicana, são perseguidos pela polícia e vivem de pequenos empregos, promovendo ataques aos ricos enquanto tentam amadurecer. Na segunda, aprofundou a abordagem e o estilo numa homenagem ao primeiro movimento de contracultura do segundo pós-guerra, o *beatnik*, que surgiu nos Estados Unidos no final dos anos 1950, quando jovens, filhos da Grande Depressão de 1929, exteriorizaram sua revolta contra uma cultura letárgica e saíram pelo país em busca de seus ideais. É o caso do jovem Rusty James (Matt Dillon), que se empenha em assumir o posto de líder de uma gangue antes dominada por seu irmão (Mickey Rourke), o personagem-título, que partiu para uma viagem de descobertas na tentativa de resolver seus conflitos internos. O filme, em preto e branco, contém uma forte cena de conflito de gerações com um embate entre o pai (Dennis Hopper) e o *selvagem* filho.

O retrato de uma adolescência embrutecida, niilista e voltada para si mesma pontuou a filmografia do fotógrafo e cineasta americano Larry Clark, a partir dos anos 1990, com produções como *Kids* (1995); *Kids e os profissionais* (*Another Day in Paradise*, de 1998); *Bully* (2001) e *Ken Park* (2002), em que jovens drogados e desregrados sexualmente, geralmente provenientes de famílias disfuncionais, mostram seu desencanto e sua falta de perspectivas de um futuro promissor ou, em certos casos, de algum futuro.

Nos anos 2000, o cineasta estadunidense Gus Van Sant – que já realizara produções focadas na juventude desde o fim dos anos 1980, inicialmente com um estilo tradicional, como filmes de passagem, mas acentuando sentimentos de desencanto – atinge seu auge a partir de 2002 com o filme *Gerry*, que aborda a amizade de dois rapazes, ambos de nome Gerry, ao se aventurarem numa passagem sem saída pelo deserto, sem água nem mantimentos. A essa produção, seguiram-se

Elefante (*Elephant*, 2003), sobre o massacre da escola de Columbine, em que dois adolescentes assassinaram vários colegas[29]; *Últimos dias* (*Last Days*, 2005) e *Paranoid Park* (2007), completando uma tetralogia em que predomina a distância da narrativa tradicional concentrada em personagens deslocados da sociedade, privilegiando um sensorial sem abstrações ou fuga do real. Em sua produção de 2011, *Inquietos* (*Restless*), o diretor evita clichês ao retratar a relação de um jovem que, entre seus hábitos mórbidos, tem o costume de ir a funerais de desconhecidos com uma garota com câncer que gosta de pássaros e de Darwin. Segundo o crítico Cássio Starling Carlos, esse modelo narrativo afasta-se da clareza hollywoodiana e abre espaço para outro tipo de discurso, incerto, composto de planos longos, tramas esgarçadas e continuidades suspensas:

> Na contemporaneidade, era dos fluxos incessantes e da sensorialidade digital ou química, a percepção já não solicita âncoras, produzir sentidos transcendentes é pura perda de tempo e enunciar o vazio tornou-se uma banalidade estética. Sem precisar renegar isso, Gus Van Sant ainda consegue colocar o adolescente no lugar da esfinge[30].

A produção do cinema alemão revelou *Os edukadores* (*Die fetten Jahre sind vorbei*, de 2004), dirigido por Hans Weingartner, cujos protagonistas, Jan e Peter, são dois jovens que acreditam poder mudar o mundo. Autodenominando-se "os educadores", esses rebeldes contemporâneos manifestam sua indignação de forma pacífica: invadem mansões, trocam móveis e objetos de lugar e espalham mensagens de protesto. Jule é a namorada de Peter que se junta aos dois. O título original do

---

29 Em 2011, ocorreu um fato similar no Brasil: jovens estudantes da escola Tasso da Silveira, no Rio de Janeiro, foram assassinados por um ex-aluno desajustado, que em seguida se suicidou.
30 Cássio Starling Carlos, "A era da turbulência", *Revista Cult*, São Paulo: 2011, n. 157, p. 32.

filme é *Die fetten Jahre sind vorbei*, que significa "seus dias de fartura acabaram", um dos lemas do trio de protagonistas.

Pixote, João e a cena dentro dos muros da cidade

Este livro visa analisar a existência e a pluralidade de representações do jovem transgressor[31] inseridas nos domínios da cidade, contempladas no campo cinematográfico brasileiro a partir dos anos 1980, mais precisamente com a produção do filme *Pixote: a lei do mais fraco*, de 1980, e *Meu nome não é Johnny*, de 2008. Uma das singularidades dos dois filmes é transformar a metrópole em mais um personagem da cena, com seus grandes muros cinzentos (no caso de Babenco), com o uso do asfalto pelo tráfico (no caso de Lima) ou como possibilidade sedutora de envolvimento e redenção (em ambos). Convém, portanto, averiguar como essas representações são estruturadas no campo artístico e social e de que forma refletem as realidades participativas dos grupos focalizados. Considerar a juventude como categoria social consiste em relacioná-la com o espaço urbano. Diante da presença das culturas juvenis em grupos sociais heterogêneos, a cidade, enquanto espaço urbano, apresenta-se como sujeito das práticas de tais grupos.

Os dois protagonistas dos filmes aqui analisados apresentam uma relação direta com a cidade, ainda que por vias enviesadas, e com ela *contracenam* em diálogos decisivos para suas trajetórias. Essa visão se personifica no desbravamento dos muros da Febem e dos prédios imponentes e no mergulho espontâneo, repleto de liberdade, no chafariz do centro de São Paulo ou no mar do Rio de Janeiro, vistos nas

---

31 Entende-se aqui como transgressor o agente solitário que realiza a superação de si mesmo na ruptura com o mundo que o cerca. Ao buscar, inventar, tentar o ainda não ousado, o novo, o indivíduo incorre em transgressão, não apenas como subversão da ordem, mas como implementação de um novo estado de espírito em confronto com a sociedade.

Pixote (Fernando Ramos) e suas transgressões em São Paulo e no Rio de Janeiro.

andanças de Pixote, bem como no trânsito livre e debochado pelas avenidas noturnas, pelos bares e baladas cariocas e na impaciência com a tranquilidade das gôndolas de Veneza, característicos de João Guilherme em *Meu nome não é Johnny*.

O filme de Babenco apresenta o retrato sem maquiagem da vida de menores abandonados em grandes cidades brasileiras. Nele, adolescentes – Dito, Lilica, Pixote e Chico – fogem do ambiente cinzento, opressivo e humilhante de um reformatório, a Febem, e percorrem, *livres* e desregradamente, as ruas de São Paulo, cometendo pequenos delitos. A cidade grande faz parte dos seus sonhos, mas eles não conseguem fazer parte da cidade como cidadãos e, assim, acabam por se envolver com bandidos ligados ao tráfico. Estes os levam a uma breve e frustrada passagem pelo Rio de Janeiro, onde se deparam com a beleza da praia, em seu visual colorido, e com uma noite sinistra que esconde personagens do submundo do crime que terminam por acarretar, acidentalmente, a morte de Chico. Ao retornar a São Paulo, os três dividem um espaço com a prostituta Sueli, que provoca no trio uma variedade de sentimentos, até a inevitável separação.

Em *Meu nome não é Johnny*, narra-se, inicialmente de forma efusiva, a trajetória de João, um jovem carioca bem-humorado, de classe média alta, que, no final dos anos 1980, ingressa no mundo do tráfico. Sem recorrer a armas nem à violência, o personagem não tem ambições financeiras e usa quase exclusivamente seu poder de persuasão para satisfazer o próprio consumo de cocaína. Sem perceber, transforma-se no poderoso chefão das drogas na Zona Sul do Rio, abastecendo a burguesia, artistas e uma intelectualidade endinheirada, até tropeçar em sua ausência de limites e ser condenado pela lei.

Ao contrário da proposta de *Pixote*, as primeiras cenas de *Meu nome não é Johnny* mostram uma cidade frenética e alucinante, para somente por volta do último terço do filme passar a expor o cerceamento

Johnny (Selton Mello) em seu trajeto de noitadas e disfarces no Rio de Janeiro.

da liberdade do protagonista, entregue ao ensimesmamento. O clima torna-se mais dramático quando a câmera se desloca para as paredes de um presídio e de um manicômio, assumindo ares de melodrama e redenção na etapa final do percurso do protagonista.

Ao transfigurar o conceito de juventude, apropriando-se de uma linguagem que adquire outra força nas telas – as inquietações e a relação com o meio diante da *verdade* da arte cinematográfica, com seus *dramas* e desorientadas estratégias de sobrevivência –, o cinema revela todo o seu potencial. Mostra-se capaz de estabelecer uma relação com a cidade – cenário no qual tradicionalmente se desenvolve o trabalho cotidiano de diferentes indivíduos presos por incertezas e medos em seus casulos imaginários. Segundo Alencar, tudo o que se refere à cidade – um filme, uma obra literária, um programa televisivo, uma imagem, uma matéria de jornal – está também se reportando à sua gente.

> Uma metrópole é um ambiente multifacetado, onde miséria e riqueza adquirem níveis de desigualdade palpáveis, um ambiente traduzido cotidianamente pelos modos como é apropriado e ressignificado por seus habitantes, numerosos sujeitos, desconhecidos e estranhos entre si. Cidade concreto, cimento armado, formigueiro de gente, deslocamento ininterrupto que a transforma em um emaranhado de linhas que não cessam de se cruzar, configurando um labirinto sem fim e sem começo, tecido social complexo cujos significados se constroem e se reconstroem diariamente.[32]

O espaço coletivo que a geografia da cidade propicia favorece possibilidades de aproximação, mas também de disfarçados – e por vezes convenientes – desvios de percepção do outro. Segundo Bauman,

---

32 Marlivan Moraes de Alencar, *Imagens da metrópole no cinema brasileiro*, 350 folhas, Tese (Doutorado em Ciências Sociais), Pontifícia Universidade Católica, São Paulo, 2008, p. 41.

com os fones de ouvido devidamente ajustados, exibimos a nossa indiferença em relação à rua que caminhamos, não mais precisando de uma etiqueta rebuscada. Ligados no celular, desligamo-nos da vida. A proximidade física não se choca mais com a distância espiritual.[33]

As pessoas esqueceram ou negligenciaram o aprendizado das capacidades necessárias para conviver com a diferença.

> Todos sabem que viver numa cidade é uma experiência ambivalente. Ela atrai e afasta; mas a situação do citadino torna-se mais complexa porque são exatamente os mesmos aspectos da vida na cidade que atraem e, ao mesmo tempo ou alternadamente, repelem. A desorientadora variedade do ambiente urbano é fonte de medo, em especial entre aqueles de nós que perderam seus modos de vida habituais e foram jogados num estado de grave incerteza pelos processos desestabilizadores da globalização. Mas este mesmo brilho caleidoscópico da cena urbana, nunca desprovido de novidades e surpresas, torna difícil resistir a seu poder de sedução.[34]

Segundo Canclini, a tentativa de narrar a cidade implica saber que já não é possível a experiência da ordem que o *flâneur*[35] esperava estabelecer ao passear pela metrópole do início do século. Agora a cidade é como um videoclipe, uma montagem fervilhante de imagens descontínuas. De acordo com o autor, hoje vivemos um tempo marcado pelas fraturas e heterogeneidades, pelas segmentações dentro de cada nação.

> A nação parece estar cada vez menos definida pelos limites territoriais ou por sua história política, sobrevivendo melhor como uma comunidade hermenêutica de consumidores, cujos hábitos tradicionais fazem com que

---

33 Zigmunt Bauman, *Vidas desperdiçadas*, op. cit., p. 33.
34 Idem, *Confiança e medo na cidade*, op. cit., pp. 46-47.
35 Termo francês que designa o caminhante que segue a esmo, observando ao redor.

se relacionem de um modo peculiar com os objetos e com a informação circulante nas redes internacionais.[36]

Para Certeau, é preciso constatar que, se no discurso a cidade serve de baliza ou marco totalizador e quase mítico para as estratégias socioeconômicas e políticas, "a vida urbana deixa sempre mais remontar àquilo que o projeto urbanístico dela excluía. A linguagem do poder se 'urbaniza', mas a cidade se vê entregue a movimentos contraditórios que se compensam e se combinam fora do poder panóptico"[37]. Para Italo Calvino, existe Fedora, metrópole de pele cinzenta, onde há um palácio de metal com uma esfera de vidro em cada cômodo.

> Dentro de cada esfera, vê-se uma cidade azul que é o modelo para uma outra Fedora. São as formas que a cidade teria podido tomar se, por uma razão ou por outra, não tivesse se tornado o que é atualmente. Em todas as épocas, alguém, vendo Fedora tal como era, havia imaginado um modo de transformá-la na cidade ideal, mas, enquanto construía o seu modelo em miniatura, Fedora já não era mais a mesma de antes e o que até ontem havia sido um possível futuro hoje não passava de um brinquedo numa esfera de vidro.[38]

As urbes são consideráveis espaços públicos que levam a abarcar aleivosias e a sustentar diálogos de todas as instâncias, atrelados à sua teia de significações. Sua amplitude entra em cena na dupla condição de presença pulsante e imperativo simbólico, de relatos factuais e emblemáticos, lidando com uma curva dramática de abrigo e abandono, sendo os seus habitantes dependentes da sua aquiescência. Para Bauman, "as cidades contemporâneas são campos de

---

36 Néstor Garcia Canclini, *Consumidores e cidadãos: conflitos multiculturais da globalização*, Rio de Janeiro: Editora UFRJ, 1997, pp. 61-62.
37 Michel de Certeau, *A invenção do cotidiano: artes de fazer*, op. cit., p. 174.
38 Italo Calvino, *As cidades invisíveis*, trad. de Diogo Mainardi, São Paulo: Companhia das Letras, 1990. p. 32.

batalha nos quais os poderes locais se encontram, se fundem e lutam, tentando chegar a uma solução satisfatória"[39]. E sobre a questão de civilidade, o autor discorre:

> O que significa então dizer que o meio urbano é "civil" e, assim, propício à prática individual da civilidade? Significa, antes e acima de tudo, a disponibilidade de espaços que as pessoas possam compartilhar como *personae públicas* – sem serem instigadas, pressionadas ou induzidas a tirar as máscaras e "deixar-se ir", "expressar-se", confessar seus sentimentos íntimos e exibir seus pensamentos, sonhos e angústias. Mas também significa uma cidade que se apresenta a seus residentes como um bem comum que não pode ser reduzido ao agregado de propósitos individuais e como uma tarefa compartilhada que não deve ser exaurida por um grande número de iniciativas individuais.[40]

A inquietude da imagem citadina não pode escapar ao olhar do cineasta intrigado com sua sinuosidade em busca do registro oportuno; e sobre essa questão ingressamos num curioso território em que a perda da intersubjetividade substitui pactos por reticências, conforme a pertinente associação encontrada no artigo de Limena:

> Longe de traduzir apenas imagens fragmentárias, o olhar do cineasta revela "qualificações" do espaço urbano. Essa forma de expressão permite a identificação entre o público e o privado, entre os espaços da intimidade e os grandes espaços coletivos urbanos, entre a emergência de distintas formas de sociabilidade e os signos que a sustentam. [...] O cinema também representa um privilegiado processo de compreensão que evidencia uma forte correspondência entre a produção cultural e as experiências e modos de subjetividade especificamente urbanos: a fragmentação, a falta de

---

39 Zygmunt Bauman, *Confiança e medo na cidade*, op. cit., p. 32.
40 *Idem*, *Modernidade líquida*, op. cit., p. 112.

profundidade, o caráter de dispersão, a instabilidade, a descontinuidade, a experiência do tempo como um presente perpétuo.[41]

Em relação à cidade que ostenta seu poder e supremacia sobre os mais incautos, o escritor Octavio Paz, referindo-se à obra *Os esquecidos* (*Los olvidados*, de Luis Buñuel, 1950) – que alude a uma infância excluída e marginalizada –, afirmou: "Moral e fisicamente, a cidade moderna vira as costas a seus filhos. O que chamamos civilização só é para eles uma parede, um grande *Não* sobre o qual esbarram seus passos"[42].

No entanto, de acordo com a visão otimista de Carrano, as cidades constituem territórios privilegiados de ação social da juventude:

> Os jovens fazem a cada dia uma nova cidade que, em grande medida, é terra estrangeira para aqueles que não compartilham dos mesmos referenciais de identidade e se tornam impotentes para reconhecer a multiplicidade de sinais que emanam de suas múltiplas práticas. Diferentes enfoques teóricos e metodológicos se centraram em pressupostos biológicos, sociais, ou psicológicos, produzindo análises parcelares sobre a realidade das muitas juventudes possíveis.[43]

Jovens em ação como figurantes ou protagonistas

É pertinente avaliar a associação do cinema com a juventude – seja por seu caráter farsesco, ao ludibriar imagens e ampliar a noção de tempo e espaço, seja pela capciosa ótica de difundir ideias e corroborar

---

41 Maria Margarida C. Limena, "O cinema e a invenção das tramas urbanas", *Revista Margem*, São Paulo, dez. 2004, n. 20, p. 106.
42 Octavio Paz, "A tradição de uma arte passional e feroz", em: Ado Kyrou, *Luis Buñuel*, Rio de Janeiro: Civilização Brasileira, 1966, p. 150.
43 Paulo Carrano. "Os múltiplos 'eus' do adolescente". Disponível em: <http://www.multirio.rj.gov.br>. Acesso em: 20 maio 2011.

conceitos –, que, segundo Groppo, vem a ser "uma concepção, uma representação ou criação simbólica, fabricada pelos grupos sociais ou pelos próprios indivíduos tidos como jovens para significar uma série de comportamentos e atitudes a ela atribuída"[44].

Uma análise mais acurada, porém, revela que não deveria caber à arte do cinema ser repetidora de expressões da cultura de esferas retificadoras, cujo objetivo restringe-se a encaminhar a população para o consumo como símbolo de *status*, sem dialogar com o que lhe é oferecido. Privilegiar o descartável, o instantâneo, não colabora para o crescimento crítico do espectador, principalmente dos jovens – que se extasiam diante da possibilidade de se ver retratados na tela, tanto por seu habitat, como por seu linguajar ou postura –, nem favorece o exímio trabalho de produzir para grandes massas, dispostas a ser cativadas em catarse por duas horas que sejam.

Considerando a sétima arte como uma fonte de registro e de questionamento da realidade, qual seria a relação entre a juventude e o cinema? Além dos fatores culturais, o jovem pode ter curiosidade em observar como é retratado aos olhos dos outros. A arte cinematográfica tem a propriedade de registrar momentos e dissonâncias de uma sociedade em ebulição e fomentá-los com voz crítica, agudizando com suas lentes o valor potencial do seu foco. A película estabelece-se, então, como um representante – em forma intrínseca de pensamento e mediação – capaz de reverberar suas possíveis verdades, presentes em suposta ficção, para além das salas de cinema, em analogia ou discrepância com os ruídos cotidianos, patentes ou velados, da cidade que se pronuncia como cenário mobilizador.

---

44 Luís Antônio Groppo, *Juventude: ensaios sobre sociologia e história das juventudes modernas*, op. cit.

Além da característica individual, a adolescência[45] tem uma relevância cultural e histórica. Apesar de marcado pela turbulência, esse período retrata uma fase de busca de autoafirmação, em que o indivíduo procura consolidar atitudes e adquirir experiência. Rebeldia, vulnerabilidade, paqueras, instabilidade afetiva, acesso às seduções da mídia e contradições de comportamento, entre outros fatores, são essenciais para a construção de uma identidade, fomentando a estruturação de um discurso próprio, muito embora isso se estenda por toda a vida. Segundo Gramsci, "toda linguagem carrega uma concepção de mundo e de cultura"[46]. O ser humano e suas representações são envolvidos por um imaginário que agrega sentimentos, imagens, visão do real e lembranças, canalizando sua vivência e seu comportamento social. Observemos o que diz Morin sobre a adolescência:

> A adolescência não constitui uma categoria antropológica constante, mas uma categoria histórica. Há civilizações *sociologicamente sem adolescência*. Nas sociedades arcaicas, os mecanismos sociais da iniciação, prova ritualizada, cruel e longa em que a criança deve morrer para nascer adulto, operam uma mutação, impedindo a visão das transições psicológicas da adolescência. [...] seria a fase em que o jovem humano, já meio desligado do universo da infância, mas não ainda integrado no universo do adulto, sofre indeterminações, biterminações e conflitos. Por conseguinte, só pode haver adolescência onde o mecanismo de iniciação, transformando a criança em adulto, se deslocou ou

---

45 "Etapa evolutiva peculiar ao ser humano. Nela culmina todo o processo maturativo biopsicossocial do indivíduo. Por isso, não podemos compreender a adolescência estudando separadamente os aspectos biológicos, psicológicos, sociais ou culturais. Eles são indissociáveis e é justamente o conjunto de suas características que confere unidade ao fenômeno da adolescência" (Luiz Carlos Osório, *Adolescente hoje*, Porto Alegre: Artmed, 1989, p. 10).
46 Antonio Gramsci, *Literatura e vida nacional*, trad. de Carlos Nelson Coutinho. Rio de Janeiro: Civilização Brasileira, 1978.

decompôs-se, e onde se desenvolveu uma zona de cultura e de vida que não está engajada, integrada na ordem social adulta.[47]

De modo geral, ao transitar por um cotidiano de descontinuidades, é constante a preocupação de alguns jovens com seu futuro, tendo como foco imediato sua inserção no mercado de trabalho, o que pode ser constatado tanto em famílias pobres como nas de classe média, numa forma de consolidar um pertencimento social e adquirir uma possível autonomia longe da casa dos pais, símbolo de dependência, autoridade e coerção. Ao mesmo tempo, muitos jovens dedicam boa parte do tempo ao culto da boa aparência, da visibilidade, da idolatria e dos modismos, entregues ao consumismo e à busca de identidade. Estamos cercados de jovens aspirantes a Apolo, uma das doze divindades gregas do Olimpo, conhecido primordialmente como uma divindade solar, que também representou o ideal grego da jovem beleza masculina e era o deus dessa juventude, ajudando na transição para a idade adulta.

Para Carrano[48], a maneira mais simplista de uma sociedade definir o que é um jovem é estabelecer critérios para situá-lo em determinada faixa etária, na qual estaria circunscrito o grupo social da juventude. Os estudos antropológicos, ao contrário, mostram que os sentidos dos relacionamentos entre as gerações se distinguem nos tempos e espaços das sociedades.

Vejamos o que diz Groppo:

> Ao ser definida como categoria social, a juventude torna-se, ao mesmo tempo, uma representação sociocultural e uma situação social. [...] Ou seja, a juventude é uma concepção, representação ou criação simbólica, fabricada pelos grupos sociais ou pelos próprios indivíduos tidos como

---

47 Edgar Morin, *Cultura de massas no século XX: o espírito do tempo*, op. cit., v. 2: Necrose, p. 173.
48 Paulo Carrano, "Os múltiplos 'eus' do adolescente", *op. cit.*

jovens, para significar uma série de comportamentos e atitudes a ela atribuídos. Ao mesmo tempo, é uma situação vivida em comum por certos indivíduos. Na verdade, outras faixas etárias construídas modernamente poderiam ser definidas assim, como a infância, a Terceira Idade e a própria idade adulta.[49]

Apesar do surgimento de outros aparatos tecnológicos, parece ser ainda grande a audiência dos jovens à televisão – principalmente a programas populares, desde os dedicados à cultura *trash* aos que difundem o humor sarcástico e a violência no estilo "a vida como ela é" – como forma de apropriação da vida em doses destiladas de excesso de imagens redundantes e festivas. O uso desregrado de equipamentos eletrônicos (computador, celular) é cada vez mais difundido; a realidade virtual surge como possibilidade de fuga do real, mas também como meio de comunicação fragmentada e de criação de *laços frouxos* – como afirma Bauman –; a inconstância nas relações afetivas e na sociabilidade parece ser a regra, como expressão de um sentimento de vazio que talvez possa ser explicado pela falta de perspectivas no mundo público e pelas inseguranças pessoais.

> A proximidade virtual e a não virtual trocaram de lugar: agora a variedade virtual é que se tornou a "realidade", segundo a descrição clássica de Émile Durkheim: algo que fixa, que "institui fora de nós certas formas de agir e certos julgamentos que não dependem de cada vontade particular tomada isoladamente"; algo que "deve ser reconhecido pelo poder de coerção externa" e pela "resistência oferecida a todo ato individual que tenda a transgredi-la". A proximidade não virtual termina desprovida dos rígidos padrões de comedimento e dos rigorosos paradigmas de flexibilidade que a proximidade virtual estabeleceu. Se não puder imitar aquilo que esta

---

49 Luís Antônio Groppo, *Juventude: ensaios sobre sociologia e história das juventudes modernas*, op. cit., pp. 7-8.

transformou em norma, a proximidade topográfica vai se tornar um "ato de transgressão" que certamente enfrentará resistência. E assim se permite que a proximidade virtual desempenhe o papel da genuína e inalterada realidade real pela qual todos os outros pretendentes ao *status* de realidade devem avaliar e ser julgados.[50]

Nos mais variados recortes sociais, é constante a apatia de grande parte dos jovens diante das questões políticas; o exercício do poder de voto a partir dos 16 anos e a participação em fóruns de discussões ainda são incipientes. Alguns grupos de jovens, por outro lado, aderem a iniciativas de ordem religiosa (caminhadas públicas, festivais de músicas e retiros ou encontros). Há, contudo, aglutinações de culturas juvenis performativas que produzem traços falantes e provocativos em outra ordem, apropriando-se de espaços públicos para difundir suas ideias em outros códigos comunicativos. É o caso do movimento *hip--hop*, do *rap* e do *funk*. A característica está presente com igual poder de manifestação também no grafitismo, com sua *ilegitimidade* contestada, através de traços demarcados nas ruas, evocando Michel de Certeau, que define o *lugar* como uma configuração instantânea de posições, implicando uma indicação de estabilidade, e o *espaço* como um cruzamento de móveis.

> Espaço é o efeito produzido pelas operações que o orientam, o circunstanciam, o temporalizam e o levam a funcionar em unidade polivalente de programas conflituais ou de proximidades contratuais. O espaço estaria para o lugar como a palavra quando falada, isto é, quando percebida na ambiguidade de uma efetuação, mudada em um termo que depende de múltiplas convenções, colocada como o ato de um presente [ou de um tempo], e modificado pelas transformações devidas a proximidades

---

50 Zygmunt Bauman, *Amor líquido: sobre a fragilidade dos laços humanos*, trad. de Carlos Alberto Medeiros, Rio de Janeiro: Zahar, 2004, pp. 82-83.

sucessivas. Diversamente do lugar, não tem portanto nem a univocidade nem a estabilidade de um "próprio". Em suma, o espaço é um lugar praticado.⁵¹

Sobre a circulação pela cidade, com potencial de apropriação, com práticas e usos de espaços urbanos pela juventude, por trabalho, lazer ou puramente (re)conhecimento do espaço através da sua mobilidade, Borelli e Rocha remetem ao nomadismo como algo peculiar à condição juvenil contemporânea:

> São nômades porque tomam conta da cidade, numa circulação transversal e desordenada, que explode os limites da espacialidade urbana. [...] São nômades também na percepção sobre diferentes temporalidades e depositários de uma sensibilidade capaz de dar conta de múltiplos influxos – sons, imagens, leituras – de forma alternada.⁵²

Toda percepção apresenta um grau de parcialidade e, portanto, é praticamente impossível dar uma definição precisa de juventude, uma vez que ela implica a relação social com o meio em que o jovem se insere. Em entrevista na década de 1970, Pierre Bourdieu apresenta a juventude apenas como uma palavra incapaz de abarcar universos distintos, principalmente quando se considera a questão da classe social:

> A idade é um dado biológico socialmente manipulável; é que o fato de falar dos jovens como se fossem uma unidade social, um grupo constituído, dotado de interesses comuns, e relacionar estes interesses a uma idade definida biologicamente já constitui uma manipulação evidente. Seria preciso

---

51 Michel de Certeau, *A invenção do cotidiano: artes de fazer*, op. cit., p. 202.
52 Silvia Helena Simões Borelli; Rosamaria Luiza de Melo Rocha, "Urbanas juvenilidades: modos de ser e de viver na cidade de São Paulo", *Revista Margem*, São Paulo, dez. 2004, n. 20, pp. 155-159.

pelo menos analisar as diferenças entre as juventudes, ou, para encurtar, entre as duas juventudes.[53]

Na primeira fase da obra de Walter Benjamin, em textos como *Erfahrung*[54] (*Experiência*), de 1913, às vésperas da Primeira Guerra Mundial, o jovem autor aborda sua relação com o posicionamento crítico da juventude e o conhecimento e expressa sua decepção com o modo de vida adulta. Por estar limitada a uma experiência individual isenta de responsabilidades, a juventude é uma experiência vazia, que repete a história, em busca de um progresso que não contribui para o aprimoramento do indivíduo, uma vez que, "na estrutura do mundo, o sonho mina a individualidade, como um dente oco".

> Pobreza de experiência: não se deve imaginar que os homens aspirem a novas experiências. Não, eles aspiram a libertar-se de toda experiência, aspiram a um mundo em que possam ostentar tão pura e tão claramente sua pobreza externa e interna, que algo de decente possa resultar disso. Nem sempre eles são ignorantes ou inexperientes. Muitas vezes, podemos afirmar o oposto: eles "devoraram" tudo, a "cultura" e os "homens", e ficaram saciados e exaustos.[55]

Os trajetos da juventude tendem a aparecer confinados às características do espaço que os determinam. Segundo Canclini[56], o rádio e o cinema contribuíram, na primeira metade do século XX, para a organização dos relatos da identidade e do sentido de cidadania nas sociedades nacionais. Agregaram às epopeias dos heróis e dos grandes

---

53 Pierre Bourdieu, *Questões de sociologia*, trad. de Jeni Vaitsman, Rio de Janeiro: Marco Zero, 1983, p. 113.
54 *Idem*, "Erfahrung", em: Walter Benjamin. *La metafísica de la juventud, op. cit.*, pp. 93-97.
55 Idem, *Obras escolhidas I: Magia e técnica, arte e política, op. cit.*, p. 118.
56 Néstor Garcia Canclini, *Consumidores e cidadãos: conflitos multiculturais da globalização, op. cit.*, p. 163.

acontecimentos coletivos a crônica das peripécias cotidianas. De acordo com Jesús Martín-Barbero,

> os *habitus de classe* atravessam os usos da televisão, os modos de ver, e se manifestam – observáveis etnograficamente – na organização do tempo e do espaço cotidianos: de que espaços as pessoas veem televisão, privados ou públicos, a casa, o bar da esquina, o clube de bairro? E que lugar ocupa a televisão na casa, central ou marginal? Preside a sala onde se leva a vida "social", ou se refugia no quarto de dormir, ou se esconde no armário, de onde a retiram apenas para ver algo muito especial?[57]

A análise da concepção de identidade do sujeito pós-moderno de Stuart Hall dá pistas sobre a juventude contemporânea. As estruturas mudam e o sujeito acompanha essas transformações. Sua identidade é fragmentada. O jovem que anda pelas ruas convive com diversos estilos de vida e aponta que não existe uma moldura só, mas várias, sempre em movimento e mutáveis. As velhas identidades estão em declínio – assegura Hall –, fazendo surgir novas identidades e fragmentando o indivíduo moderno, antes considerado sujeito unificado:

> O sujeito assume identidades diferentes em diferentes momentos, identidades que não são unificadas ao redor de um "eu" coerente. [...] A identidade plenamente unificada, completa, segura e coerente é uma fantasia. Ao invés disso, à medida que os sistemas de significação e representação cultural se multiplicam, somos confrontados por uma multiplicidade desconcertante e cambiante de identidades possíveis, com cada uma das quais poderíamos nos identificar – ao menos temporariamente.[58]

---

57 Jesús Martín-Barbero, "A mudança na percepção da juventude: sociabilidades, tecnicidades e subjetividades entre os jovens", em: Silvia H. S. Borelli; João Freire Filho (org.), *Culturas juvenis no século XXI*, São Paulo: Educ, 2008, p. 302.
58 Stuart Hall, *A identidade cultural na pós-modernidade*, op. cit., p. 13.

Sobre esta questão, Birman afirma que a condição adolescente sofreu uma transformação crucial, pois a duração da adolescência, rigorosamente, se estende cada vez mais, de maneira a se identificar com o que no passado se denominava jovens adultos. Para esse autor, a adolescência

> tende a começar em uma época cada vez mais precoce, estreitando a duração do que antes era denominado de infância. Assim, a infância se estreita atualmente em decorrência dos imperativos de *performance* impostos às crianças desde muito cedo, diminuindo bastante o espaço e o tempo dos jogos e brincadeiras infantis, incidindo então diretamente sobre o imaginário infantil. Em contrapartida, a adolescência se prolonga excessivamente, como consequência da impossibilidade da inserção social dos jovens no mundo do trabalho e nos impasses para a constituição de um novo núcleo familiar. Esticada nos dois polos que a delimitavam como uma das idades da existência, a adolescência rompe agora de forma radical com a cronologia outrora estabelecida, evidenciando como ela não passava de um artefato fundado em certas normas sociais, sem qualquer consistência teórica nos registros biológicos e psicológicos. Ao contrário, o que definia anteriormente a dinâmica das diferentes idades da existência, em suas durações e sequências bem delimitadas, era um paradigma da ordem social regulado pelo horizonte de inserção da juventude no mercado de trabalho e no limiar de poder construir um outro núcleo familiar, de maneira a delinear certas possibilidades simbólicas e definir seus limites estritos.[59]

---

59 Joel Birman, "Adolescência sem fim? Peripécias do sujeito num mundo pós-edipiano", em: Marta Resende Cardoso; François Marty (org.), *Destinos da adolescência*, Rio de Janeiro: 7 Letras, 2008, p. 81.

Para Paul Singer[60], os jovens que se engajam no ideal de um mundo melhor a ser construído por eles geralmente pensam em termos de sustentabilidade ambiental e justiça social. O mundo *realmente existente* é rejeitado pela maneira como as grandes potências destroem recursos não renováveis e pela volta do desemprego e da pobreza a países que já os tinham abolido. Hall afirma que a juventude experimenta inúmeros estilos de vida.

> Ela trafega por diferenciações sucessivas, mas que buscam sempre quebras de paradigmas a fim de construir "mundos melhores". O movimento juvenil que está sendo delineado nesse início do século XXI é direcionado para identidades abertas, contraditórias, fragmentadas, negociadas.[61]

As mudanças ocorridas a partir da metade do século XIX, com o que alguns autores denominam de Segunda Revolução Industrial, fomentaram uma nova lógica de consumo nas sociedades ocidentais. A juventude foi objeto de atenção de alguns escritores, filósofos e/ou sociólogos do século XX. O termo *juvenilidade* foi descrito por Morin[62] como uma dinâmica ambivalente entre a integração na indústria cultural e a absorção de elementos de revolta; o sociólogo Groppo[63] cunhou o termo *juvenilização* para traduzir e expressar a juventude como uma categoria social determinante para o estabelecimento de uma nova ordem de consumidores. Segundo o autor, o juvenil é *juvenilizado*, desvinculando-se da idade adolescente e tendo retirado de si conteúdos mais rebeldes,

---

60 Paul Singer, "A juventude como coorte: uma geração em tempos de crise social", em: Helena Wendel Abramo; Pedro Paulo Martoni Branco (org.), *Retratos da juventude brasileira: análises de uma pesquisa nacional*, São Paulo: Fundação Perseu Abramo; Instituto de Cidadania, 2005.
61 Stuart Hall, *A identidade cultural na pós-modernidade*, op. cit., p. 46.
62 Edgar Morin, *Cultura de massas no século XX: o espírito do tempo*, v. 1: Neurose; v. 2: Necrose, *op. cit.*.
63 Luís Antônio Groppo, *Juventude: ensaios sobre sociologia e história das juventudes modernas*, op. cit., p. 284.

revolucionários ou meramente disfuncionais. Michel Maffesoli[64], por sua vez, criou o conceito de *juvenismo* e o termo *tribos urbanas*. Já Helena Abramo nos alerta sobre a questão das *juventudes*:

> Certamente, a diferença entre "condição juvenil" e "situações juvenis" permanece, mas as questões colocadas agora são outras. Se há tempos atrás todos começavam os seus textos a respeito do tema juventude citando Bourdieu, alertando para o fato de que "juventude" podia esconder uma situação de classe, hoje o alerta inicial é o de que precisamos falar de *juventudes*, no plural, e não de *juventude*, no singular, para não esquecer as diferenças e desigualdades que atravessaram esta condição. Esta mudança de alerta revela uma transformação importante na própria noção social: a juventude, mesmo que não explicitamente, é reconhecida como condição válida, que faz sentido, para todos os grupos sociais, embora apoiada sobre situações e significações diferentes. Agora a pergunta é menos sobre possibilidade ou impossibilidade de viver a juventude, e mais sobre os diferentes modos como tal condição é ou pode ser vivida.[65]

Recentemente, passou-se a empregar o termo *adultescente*[66], para incluir pessoas com idade para atingir a maturidade que preferem manter um estilo de vida próprio do adolescente, criando novas redes de sociabilidades. Contardo Calligaris[67] usa o neologismo "adultescência" para caracterizar a fase do adulto que mantém um estilo de

---

64 Michel Maffesoli, *O tempo das tribos: o declínio do individualismo nas sociedades de massa*, op. cit..
65 Helena Wendel Abramo, "Condição juvenil no Brasil contemporâneo", op. cit., pp. 43-44.
66 Neologismo surgido na imprensa britânica em 1997, que mistura as palavras *adult* (adulto) e *adolescent* (adolescente), empregado para definir um adulto que age como adolescente, quem sabe para remoçar, mas também é um adulto que tenta atingir sua própria idade: a maturidade. Define a pessoa adulta que mantém um estilo de vida próprio de adolescente.
67 Contardo Calligaris, "A sedução dos jovens", *Folha de S.Paulo*, São Paulo, 20 set. 1998, caderno *Ilustrada*, p. E14.

vida próprio de adolescente. Por ser o ideal do tempo da liberdade de escolha, a adolescência, como símbolo da modernidade, seria inevitavelmente o ideal, também, da vida adulta. Assim: "estar adolescente é um traço normal da vida adulta moderna. É uma maneira de afirmar a possibilidade de ainda vir a ser outro".

Ao referir a relação do homem com o espaço, Augé[68] analisa também a questão da identidade e da coletividade. Ele designa como *não lugar* todos os dispositivos e métodos que visam à circulação de pessoas, em oposição à noção sociológica de *lugar*. Em termos descritivos, os *não lugares* são identificados pelas vias aéreas, ferrovias, rodoviárias e portuárias, os domicílios móveis considerados *meios de transporte* (aviões, trens, ônibus, navios), as grandes cadeias de hotéis, parques de lazer e as redes de cabo que mobilizam a comunicação global. Ao analisar as relações entre o homem e o seu grupo social, o autor alerta para o fato de que a organização e a constituição de lugares estão entre os desafios das práticas coletivas e individuais.

As coletividades têm necessidade de pensar, simultaneamente, a identidade e a relação e de simbolizar os constituintes das diferentes formas de identidade: da identidade partilhada pelo conjunto de um grupo; da identidade particular de um grupo ou de um indivíduo perante outros; e da identidade singular, naquilo em que um indivíduo ou grupo difere de todos os outros. Segundo Augé, "o *não lugar* é o contrário da utopia: ele existe e não abriga nenhuma sociedade orgânica"[69].

Em tempos de tecnologias virtuais cada vez mais acessíveis, é preciso repensar os padrões de sociabilidade relativos ao deslocamento acelerado. Segundo Virilio: "o valor estratégico do não lugar da velocidade definitivamente suplantou o do lugar"[70]. Para Appadurai[71], já

---

68 Marc Augé, *Não-lugares: introdução a uma antropologia da sobremodernidade*, op. cit., p. 32.
69 *Ibidem*, p. 102.
70 Paul Virilio, *Velocidade e política*, São Paulo: Estação Liberdade, 1997, p. 55.
71 Arjun Appadurai, *Dimensões culturais da globalização: a modernidade sem peia*,

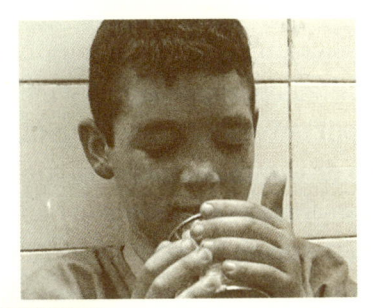

Pixote, João e o contato com alucinógenos.

não é possível analisar as configurações sociais e subjetivas sem uma ampla "sociologia do deslocamento"; então, o autor propõe pensar as formas culturais na contemporaneidade como dotadas de *fronteiras* e emprega o termo *desterritorialização* para designar objetos ou processos que favoreçam a transcendência de limites territoriais e identidades específicas. Maffesoli[72] refere-se a um mundo *estranho/estrangeiro* quando os jovens enveredam na relação de nomadismo/gregarismo através de uma inserção contraditória: em momentos organizados e programados em contexto comunitário e familiar (condição gregária) e em momentos desordenados, em que existe a recusa de imposições, favorecendo a auto-organização.

---

op. cit.
72 Michel Maffesoli, *O tempo das tribos: o declínio do individualismo nas sociedades de massa*, op. cit.

Neste livro, o termo *transgressor* aplicado ao jovem não indica o jovem limitado por faixa etária, remetendo, antes, a um sentido determinado por um critério sociocultural. Os jovens são identificados aqui pelo tipo de comportamento e apropriação de espaços, uma vez que, quando se analisa um período de tempo fragmentado da vida de um sujeito, o resultado beira o vago e o arbitrário.

De acordo com Bauman[73], no espaço público nenhum *passe* é exigido e não se restringem entradas e saídas. Por isso, a presença nesse espaço é anônima, e os que nele se encontram são estranhos uns aos outros. Assim, o personagem João Guilherme, de *Meu nome não é Johnny*, apropria-se de um terreno supostamente *livre* para suas possíveis transgressões, e o garoto do filme *Pixote* insere-se num *espaço* aparentemente *proibitivo* para ele ou talvez – considerando determinadas passagens do filme – tenta interagir com o *não lugar* mencionado por Augé.

A inquietude e a não linearidade espacial da juventude são constantemente associadas à modernidade, um termo amplo que abrange mudanças, renovação e descontinuidades, gerando incompletudes em seus valores sociais universalistas e favorecendo as iniciativas de agregações informais. Groppo pontua que

> [a definição de modernidade como] um processo contínuo de transformações é certamente correta, porém incompleta. Parece que falta ainda captar ou decifrar o sentido e o conteúdo dessas transformações ininterruptas e grandiosas, tarefa que foi tentada por todos os grandes cientistas sociais. Mas parece que nunca se chegou a um acordo, nem a uma resposta totalmente convincente.[74]

---

73 Cf. Zygmunt Bauman, *Confiança e medo na cidade*, op. cit.
74 Luís Antônio Groppo, *Juventude: ensaios sobre sociologia e história das juventudes modernas*, op. cit., p. 32.

Sobre momentos existenciais na condição de juventude, Birman discorre sobre a possibilidade de experimentação como característica da adolescência e afirma que a incerteza é o que se delineia efetivamente como o futuro real para os jovens, em todos os quadrantes do mundo:

> Na atualidade, a imagem da juventude está marcada ao mesmo tempo pela ambiguidade e pela incerteza. Digo ambiguidade, pois se, de um lado, a juventude é sempre exaltada na contemporaneidade, cantada que é em prosa e verso pelas potencialidades existenciais que condensaria, por outro, a condição jovem caracteriza-se por sua posição de suspensão no espaço social, que se materializa pela ausência de seu reconhecimento social e simbólico.[75]

A expansão midiática constitui uma fonte estratégica para a implementação da dominação hegemônica, vinculada a interesses econômicos e políticos marcadamente de classe social. É hoje uma das principais fontes de memórias e identidades sociais, tendo lugar-chave na formação do mundo contemporâneo. Não se pode, contudo, negar o perfil manipulador das suas ações, presente na submissão da programação, da forma e do conteúdo dos meios de comunicação à lógica do espetáculo. A mídia apresenta-se, portanto, como um vigoroso instrumento político de dominação, um lugar de ideologia e hegemonia. Para Paul Singer, essa situação vai além dos *conflitos de gerações*:

> O mundo em que vive a atual coorte de jovens é o resultado de uma evolução histórica que as coortes de seus pais e avós construíram. A história sempre é feita por coortes. Embora elas se misturem em festas ou comemorações cívicas, nas famílias e no trabalho, a história, em cada período, é o resultado de coortes de adultos e velhos que desfrutam de poder político e/ou econômico, sendo desafiadas por coortes de jovens que deles

---

75 Joel Birman, "Ser ou não ser", *Revista Cult*, São Paulo, maio 2011, n. 157, p. 23.

dependem. Este foi um fato comum nos séculos das revoluções, que começaram em 1789 com a Revolução Francesa e terminaram 200 anos depois, com a queda do Muro de Berlim.[76]

Em tempos de grande fluxo de mensagens com informações abreviadas e práticas de *bricolage*, como é possível assimilar o discurso de contestação dos jovens nos dias de hoje? Lévi-Strauss assegura que o *bricoleur* é "aquele que trabalha com suas mãos, utilizando meios indiretos se comparados aos do artista [...]. Ele [o pensamento mítico] se apresenta, assim, como uma espécie de *bricolage* intelectual, o que explica as relações que se observam entre ambos"[77]. O discurso de contestação dos jovens apresenta um caráter genuinamente justificável, passível de veracidade, ou não passa de ilusão, sendo uma mera fabricação da mídia?

A filosofia da linguagem do pensador russo Mikhail Bakhtin[78] afirma o dialogismo do discurso pela postura ativa de construção em relação ao mundo – todo discurso é ideológico, porque constrói o mundo, e não apenas o espelha –, mas essa construção não é monodiscursiva, ao contrário: todo discurso é composto de múltiplas vozes (polifônico) e dialoga no tempo e no espaço com múltiplos discursos, antecessores e sucessores (dialógico). Toda prática discursiva é ideológica, por propor representações de mundo que se querem hegemônicas (inclusive a mídia), sendo resultado de um embate entre as vozes da polifonia e os discursos dialógicos.

Para o filósofo italiano Antonio Gramsci[79], toda hegemonia implica uma contra-hegemonia: a dominação vai além da ação dos mais fortes,

---

76 Paul Singer, "A juventude como coorte: uma geração em tempos de crise social", *op. cit.*, p. 28.
77 Claude Lévi-Strauss, *O pensamento selvagem*, *op. cit.*
78 Mikhail Bakhtin, *Questões de literatura e estética: a teoria do romance*, trad. de Aurora F. Bernadini *et al.*, São Paulo: Editora da Unesp, 1998.
79 Antonio Gramsci, *Literatura e vida nacional*, *op. cit.*.

passa por processos de interação (disputa ou aceitação) com os *dominados*. Alguns dos grandes pesquisadores da comunicação contemporânea, como Stuart Hall e Jesús Martín-Barbero, apontaram o discurso como lugar de disputa pelo direito de significar. Favorecer as práticas discursivas é, portanto, parte de um intenso jogo que abarca acirradas disputas e negociações, muito além de mero espaço de exercício de poderes de manipulação e dominação. Bakhtin afirma:

> Não se deve, porém, imaginar o domínio da cultura como uma entidade espacial qualquer, que possui limites, mas que possui também um território interior. Não há território interior no domínio cultural: ele está inteiramente situado sobre fronteiras, fronteiras que passam por todo lugar, através de cada momento seu, e a unidade sistemática da cultura se estende aos átomos da vida cultural, como o sol se reflete em cada gota. Todo ato cultural vive por essência sobre fronteiras: nisso está sua seriedade e importância; abstraído da fronteira, ele perde terreno, torna-se vazio, pretensioso, degenera e morre.[80]

Com seu processo de percurso social, a cultura tornou-se o cenário de várias especulações em diferentes matizes. Com a crise do capitalismo, agravam-se suas tendências originárias: o monopólio e a dominação hegemônica – o homem e a natureza tornam-se reféns da arrancada lucrativa dos empreendedores. A indústria cultural, hoje, domina a mídia e expõe suas vontades – mistura no mesmo caldeirão ética e estética –, barateia custos do produto, valoriza a sua expansão e, indiretamente, obtém o controle da informação ante o olhar atônito de um indivíduo anestesiado por letreiros luminosos.

Atualmente, nas grandes metrópoles como São Paulo, as ruas congestionadas – antes mero lugar de passagem – são tomadas por um

---

80 Mikhail Bakhtin, *Questões de literatura e estética: a teoria do romance*, op. cit., p. 29.

espaço urbano heterogêneo, aberto a diversas manifestações de grupos sociais ou *tribos urbanas* – termo criado pelo sociólogo francês Michel Maffesoli, que lhe confere um uso metafórico para dar conta de formas supostamente novas de associação entre os indivíduos na *sociedade pós-moderna* no final dos anos 1980:

> Essa nebulosa "afetual" permite compreender a forma específica assumida pela sociedade em nossos dias: o vaivém massas-tribos. Com efeito, a diferença do que prevaleceu durante os anos setenta – com esses marcos que foram a contracultura californiana e as comunas estudantis europeias – trata-se antes do ir e vir de um grupo a outro do que da agregação a um bando, a uma família, a uma comunidade. É isso que pode dar a impressão de atomização. É por isso que se pode falar, equivocadamente, de narcisismo. De fato, ao contrário da estabilidade induzida pelo tribalismo clássico, o neotribalismo é caracterizado pela fluidez, pelos ajuntamentos pontuais e pela dispersão.[81]

Quanto maior a heterogeneidade, maior é o campo de liberdade de expressão e sua impetuosidade móvel. Toda homogeneidade assusta por não favorecer a contradição do discurso. No entanto, como os jovens vivem também sob o olhar externo, é impossível evitar a existência de rótulos e preconceitos em relação a algumas formas de comportamento escapista que se contrapõem a um caráter de normalidade preestabelecido. Segundo Abramo,

> É forçoso, embora repetitivo, lembrar que os conteúdos, a duração e a significação social destes atributos das fases da vida são culturais e históricos, e que a juventude nem sempre apareceu como etapa singularmente demarcada. Tal como foi consolidado no pensamento sociológico, a juventude "nasce"

---

81 Michel Maffesoli, *O tempo das tribos: o declínio do individualismo nas sociedades de massa*, op. cit., p. 107.

na sociedade moderna ocidental (tomando um maior desenvolvimento no século xx), como um tempo a mais de preparação (uma segunda socialização) para a complexidade das tarefas de produção e a sofisticação das relações sociais que a sociedade industrial trouxe. Preparação feita em instituições especializadas (escola), implicando a suspensão do modo produtivo (e da permissão de reprodução e participação); estas duas situações (ficar livre das obrigações do trabalho e dedicado ao estudo numa instituição escolar) se tornaram os elementos centrais de tal condição juvenil.[82]

Políticas públicas

A imagem do jovem emerge na década de 1980 associada às questões políticas da realidade brasileira da época, como a crise no mercado de trabalho, o crescimento demográfico e o aumento da violência, porém sem medidas específicas e eficientes de atendimento para essas patologias sociais. Embora tenha havido uma retração dos movimentos estudantis se comparados às mobilizações políticas de resistência à ditadura na década de 1970, deve-se lembrar a campanha popular para eleições diretas para Presidente da República no início da década de 1980. A ação da juventude deslocava-se do ambiente universitário para as experiências cotidianas como instância de atuação política e de transformação social.

É importante traçar o retrato da situação das políticas públicas nesse período, com um breve apanhado histórico. No cinema, como num reflexo da vida real, os jovens e seus problemas de relações sociais tornam-se protagonistas, como acontece na produção *Pixote, a lei do mais fraco* (1980), baseada em livro de José Louzeiro. Num trabalho preciso em que se fundem a denúncia social e o entretenimento, num caráter híbrido de ficção e realidade, o filme retrata um período social,

---

82 Helena Wendel Abramo, "Condição juvenil no Brasil contemporâneo", *op. cit.*, p. 41.

com a maioria do elenco formada por não atores. Focaliza a questão do pequeno infrator e as políticas governamentais (já ineficazes), representadas pela Febem[83], fundamentadas num discurso vertical que não consegue resolver os problemas de uma até então quase desconhecida parcela da infância e da juventude que sobrevive à margem da estrutura socioeconômica vigente. Apesar de ter sido sucesso de crítica e público, representando o Brasil em festivais da Suíça, Espanha, Canadá e Estados Unidos, e de obter importantes prêmios com seu drama-denúncia, essa produção foi desprezada pelo então presidente, o general João Baptista Figueiredo, que manifestou seu desagrado com a abordagem e com o filme. Ironicamente (ou justamente), a atitude do general acabou chamando a atenção de diversas autoridades políticas para a temática.

Durante o regime militar, o jovem não constituía uma categoria institucionalmente reconhecida, até porque, em época de boicote às vozes da massa, era considerado um agente questionador da ordem. Com o fim desse regime (1964-1985), instaurou-se a chamada Nova República, com destaque para a eleição (indireta) do primeiro presidente civil após o golpe de 1964, Tancredo Neves[84]. O restabelecimento da democracia, com o movimento "Diretas Já", contou com a participação efetiva de grande parte da juventude, que saiu em passeatas pelas ruas embalada pela canção-tema *Coração de estudante*[85]. Foi um período de grande participação política e ideológica da sociedade civil.

---

83 Até 1974 a assistência às crianças e aos adolescentes carentes e infratores era feita em unidades dispersas da Secretaria da Justiça e, depois, pela Coordenadoria dos Estabelecimentos Sociais do Estado (Cese), que também respondia pelas unidades que cuidavam de segmentos socialmente excluídos: imigrantes, moradores de rua, alcoolistas e famílias sem renda. Em 26 de abril de 1976 foi criada a Febem-SP.
84 Em grande comoção nacional, Tancredo Neves faleceu, em 21 de abril de 1985, de infecção generalizada, sem tomar posse, sendo o governo assumido pelo então vice-presidente José Sarney.
85 Música preferida do presidente Tancredo Neves, composta por Milton Nascimento e Wagner Tiso. Gravada no álbum *Milton ao vivo*, em 1993.

Categorias sociais até então ignoradas adquiriram visibilidade nesse período e o conceito de juventude passou a ser objeto de atenção na esfera federal. Partidos políticos, entidades de movimento civil e ONGs foram criados com a intenção de promover socialmente o jovem. Em 1988, foi promulgada a Constituição Federal do Brasil, que estabeleceu os deveres do Estado para com a parcela infantojuvenil, e em breve espaço de tempo levou à promulgação do Estatuto da Criança e do Adolescente (ECA)[86], que adotou os termos *criança* – o menor de 12 anos – e *adolescente* – aquele com idade compreendida entre 12 e 18 anos –, sem fazer referência à chamada juventude. Para as Nações Unidas, são jovens os indivíduos com idade entre 15 e 24 anos, mas a instituição reitera que cada país pode estabelecer sua *faixa jovem* em função de sua própria realidade.

Para a Comissão Nacional de População e Desenvolvimento (CNPD), o grupo jovem (15-24 anos) é estratificado em faixas etárias que correspondem ao público-alvo, subdividido pelos seguintes recortes etários: 15 a 17 anos – jovens adolescentes; 18 a 20 anos – jovens; e 21 a 24 anos – jovens adultos. Assim, no Brasil, adolescente é todo indivíduo com idade entre 12 anos completos e 18 anos incompletos. De acordo com institutos de pesquisa Ibope e Ipsos/Marplan, os jovens, por sua vez, são identificados na larga faixa etária dos 15 aos 24 anos.

Segundo Helena Abramo[87], é preciso relativizar tais marcos, uma vez que as histórias pessoais, condicionadas pelas diferenças e pelas

---

86 Conjunto de normas do ordenamento jurídico brasileiro que tem como objetivo a proteção integral da criança e do adolescente, aplicando medidas e expedindo encaminhamentos. O ECA foi instituído pela Lei n. 8.069, de 13 de julho de 1990. Essa lei regulamenta os direitos das crianças e dos adolescentes, inspirados pelas diretrizes fornecidas pela Constituição Federal de 1988, internalizando uma série de normativas internacionais: Declaração dos Direitos da Criança (Resolução n. 1.386 da ONU, de 20 de novembro de 1959); Regras Mínimas das Nações Unidas para Administração da Justiça da Infância e da Juventude, Regras de Beijing (Resolução n. 40/33, da ONU, de 29 de novembro de 1985); Diretrizes das Nações Unidas para Prevenção da Delinquência Juvenil, Regras de RIAD, de 1º de março de 1988.
87 Helena Wendel Abramo, "Condição juvenil no Brasil contemporâneo", *op. cit.*

desigualdades sociais de muitas ordens, produzem trajetórias diversas para os indivíduos concretos. Este seria o caso dos nossos protagonistas, Pixote e João Guilherme. A esse respeito, é bastante pertinente a observação de Pierre Bourdieu sobre o *habitus*:

> Às diferentes posições no espaço social correspondem estilos de vida, sistemas de desvios diferenciais que são a retradução simbólica de diferenças objetivamente inscritas nas condições de existência. As práticas e as propriedades constituem uma expressão sistemática das condições de existência (daquilo que chamamos "estilo de vida") porque são o produto do mesmo operador prático, o *habitus* – sistema de disposições duráveis e transferíveis que exprime sob forma de preferências sistemáticas as necessidades objetivas das quais ele é o produto.[88]

Para a juventude da década de 1990, houve uma série de iniciativas de ONGs e de fundações empresariais com o ideário do desenvolvimento local sustentável, concebendo o *local* não como resultado de isolamento, mas como fruto de relações geográficas, culturais, econômicas e políticas, ou seja, as ações se propõem a incidir sobre o *local*, de acordo com o pensamento de Canclini[89].

O novo século iniciou-se com boas-novas para o tema juventude, inclusive no campo político. O presidente eleito em 2002, Luiz Inácio Lula da Silva, incluiu o jovem em sua plataforma eleitoral, prevendo um investimento na luta pelo reconhecimento social de seus direitos e sua descriminalização. A partir de 2004, surgiu a proposta de nova agenda que tentou levar em conta a especificidade e a pluralidade da condição juvenil, com espaços para a participação e a influência direta

---

88 Reproduzido de BOURDIEU, P. e SAINT-MARTIN, M. Goftts de classe et styles de vie. (Excerto do artigo "Anatomie du goftt".) *Actes de Ia Recherche en Sciences Sociales*, n. 5 , out. 1976, pp. 18-43. Traduzido por Paula Montero.
89 Néstor Garcia Canclini, *Consumidores e cidadãos: conflitos multiculturais da globalização*, op. cit.

dos jovens, bem como a associação entre aspectos de proteção com os de promoção de oportunidades e desenvolvimento.

Depois de levar quase três anos para organizar e renomear programas já existentes, o governo Lula começou a colher frutos com a promulgação da Lei n. 11.129, de 30 de junho de 2005, que criou o Conselho Nacional de Juventude (Conjuve), com a finalidade de formular e propor diretrizes de ação governamental destinadas a promover políticas públicas de juventude, fomentar estudos e pesquisas sobre a realidade socioeconômica dos jovens e o intercâmbio entre as organizações juvenis nacionais e internacionais. Criou-se também a Secretaria Nacional de Juventude, cuja responsabilidade é articular todos os projetos direcionados ao jovem. Em 2007, as ações anteriores foram abrigadas num único programa: ProJovem Integrado, lançado em setembro de 2007 e em vigor a partir de 1º de janeiro de 2008, que abrange: ProJovem Urbano; ProJovem Trabalhador; ProJovem Adolescente e ProJovem Campo.

Há atualmente iniciativas sociais que permitem a mudança do olhar com que a sociedade vê a juventude e remetem à valorização da autoestima demandada por jovens carentes, possibilitando o reconhecimento de uma identidade juvenil. Segundo Novaes, os projetos sociais tornam-se pontes para determinado tipo de inclusão social de jovens moradores de áreas marcadas pela pobreza e pela violência das cidades, dando vazão à expressão *jovens de projeto*:

> É muito interessante notar como a palavra "projeto" caiu na boca do povo e entrou no vocabulário dos jovens e de seus familiares. A recorrência no uso dessa palavra chama atenção. De fato, há uma disseminação da linguagem dos projetos. Os jovens que fazem parte do "público-alvo" dos projetos se (re)apropriam de ideias, palavras e expedientes, incluindo-os em suas estratégias de sobrevivência social.[90]

---

90 Regina Novaes, "Os jovens de hoje: contextos, diferenças e trajetórias", em: Maria

Em julho de 2010, o Senado promulgou a Proposta de Emenda à Constituição – PEC – n. 042/2008, conhecida como PEC da Juventude, e aprovou a adesão definitiva do Brasil à Organização Ibero-Americana de Juventude (OIJ). A PEC n. 042, transformada na Emenda Constitucional n. 65, inclui o termo *jovem* no capítulo dos Direitos e Garantias Fundamentais da Constituição Federal e representa um passo importante para que a política nacional de juventude se consolide no Brasil como uma política efetivamente de Estado. O então presidente do Conselho Nacional de Juventude (Conjuve), Danilo Moreira, considerou que essa vitória consolidava as políticas públicas de juventude na agenda nacional, assegurando a melhoria da qualidade de vida de 50 milhões de brasileiros e brasileiras com idade entre 15 e 29 anos.

Panorama sociocultural

Nos anos 1980, a lógica de consumo pós-moderna tomou vulto no Brasil, onde essa cultura globalizada encontrou um terreno fértil para se desenvolver, devido à abertura política dos primeiros anos da década. Surgiu uma nova economia, fundada no consumo da cultura pop, mais precisamente baseada nos valores culturais importados dos Estados Unidos, com um formato propenso a ser adaptado às necessidades nacionais, boa parte amparada em tecnologias ligadas à comunicação e ao entretenimento, como o videocassete, o *video game* e o videoclipe[91] e como forma de informação impressa, pertinente ao espírito ditado. Surgiram *fanzines* e suplementos de *variedades* nos jornais, em paralelo com os *cadernos de cultura*.

Isabel Mendes de Almeida; Fernanda Eugênio (org.), *Culturas jovens: novos mapas do afeto*, Rio de Janeiro: Zahar, 2006, pp. 112-113.
91 Expressão da cultura pop sintonizada com um tempo de velocidade e domínio das formas.

Há, a partir dos anos 80 no Brasil, uma espécie de retorno aos valores de imitação cultural [...]: substitui-se gradualmente a cultura engajada e internacionalista dos anos 60 e 70 pela adesão ao mercado e pela constante cópia dos modelos do Primeiro Mundo. Nesse momento, porém, não vai ser a França [...] ou a cultura europeia como um todo que vão ser tomadas como referências máximas. E sim os Estados Unidos, que passam de alvo de contestação [...] a modelo cultural principal da classe média letrada brasileira.[92]

O desencantamento dos jovens com o panorama político e econômico permitiu a emergência de *bandos* de jovens urbanos que traziam outras propostas visuais e sonoras, como *punks*, *darks*, metaleiros e *rappers*. A aparência tornou-se um território de sedução e experimento. A decepção com a situação do país assumiu como contraponto a necessidade pessoal de obtenção de prazer e satisfação com um estilo de vida irreverente. O corpo assumia uma postura política.

As relações de projeção-identificação entre a adolescência e a cultura de massa funcionam de maneira menos ordenada do que para os adultos. Segundo Morin, "enquanto para os adultos o mundo da *gang*, da liberdade, do homicídio são pacíficas evasões projetivas, esses temas podem se tornar modelo de conduta para os adolescentes"[93] Evidencia-se, nesse caso, a fragilidade de adolescentes incapazes de fazer frente a determinações sociais e familiares.

A cultura de massa tende a integrar os temas dissonantes da adolescência em suas harmonias padronizadas. Tende a instituir um "Olimpo dos menores de 20 anos", com Prometeus aprisionados em Ganymedes. A cultura de massa arremata a cristalização da nova classe de idade adolescente,

---

92 Angela Prysthon, *Cosmopolitismos periféricos: ensaios sobre modernidade, pós-modernidade e estudos culturais na América Latina*, Recife: Edições Bagaço, 2002, p. 104.
93 Edgar Morin, *Cultura de massas no século XX: o espírito do tempo*, Rio de Janeiro: Forense Universitária, 1977. v. 1: Neurose, p. 156.

fornece-lhes heróis, modelos, panóplias. Ao mesmo tempo, tende a enfraquecer as arestas, a atrofiar as virulências.[94]

A literatura da década de 1980 contou com a poesia marginal de Ana Cristina Cesar (1952-1983) e de Chacal, que também atuou junto a grupos de teatro e compôs músicas para a banda *Blitz*; contou ainda com a prosa intimista de Caio Fernando Abreu (1948-1996), a produção poética e escatológica de Hilda Hilst (1930-2004) e as crônicas e textos de humor de Luis Fernando Verissimo (que fomentou vários programas humorísticos da Rede Globo). Foi nessa década que faleceram os poetas Carlos Drummond de Andrade (1902-1987) e Paulo Leminski (1944-1989). Na seara da contracultura em plena abertura política, o escritor e roteirista Reinaldo Moraes destacou-se com *Tanto faz*, um livro repleto de irreverência, lirismo e picardia, marcado por uma linguagem jovial e fluente e por um estilo e envolvimento que atraiu os olhos da juventude da época para as aventuras do pícaro Ricardo de Mello em Paris:

> Da sua mesa de trabalho, atulhada de livros, pastas, brochuras e papéis variados, Ricardo contemplava todo santo dia o mundão lá embaixo, filtrado pelo insulfilm das janelas seladas. O sol, a chuva, os prédios, as pessoas – cenas longínquas em noite americana. Temperatura constante by General Electric. Cafezinho novo a cada meia hora e a fofocaiada dos colegas. Discutia-se um pouco de política nacional, sim, mas o que prevalecia eram os mexericos paroquiais: quem estava comendo quem no Instituto, quem sacaneou quem, quem sifu sozinho, quem subiu, quem desceu, quem bebe, quem se droga, quem é meio gay, quem é totalmente gay. Num lugar como esse, ninguém é de esquerda, nem de direita, nem porra nenhuma. Não passam de sombras insossas vagando entre as divisórias de resina de cores neutras.[95]

---

94 *Ibidem*, p. 156.
95 Reinaldo Moraes, *Tanto Faz & Abacaxi*, São Paulo: Companhia das Letras, 2011, p. 31.

O jornalismo televisivo destacou-se, naquela década, por coberturas jornalísticas de relevo e campanhas de mobilização popular como eleições diretas para presidente. A produção de novelas qualificou-se e possibilitou a formação de diversos autores, coautores, atores e diretores, que passaram a assumir núcleos distintos. Proliferou o uso residencial do videocassete. Surgiram produtoras independentes de vídeos que passaram até a vender produtos para emissoras comerciais. Em 1980, acabou a censura no jornalismo, saiu do ar a TV Tupi de São Paulo e tiveram início as operações do Sistema Brasileiro de Televisão, o SBT. Em 1983, foi inaugurada a TV Manchete. No final da década, surgiram programas de humor e aventura, com linguagem inovadora, e até hoje reverenciados, como *TV Pirata* (1988-1990) e *Armação ilimitada* (1985-1988), transmitidos pela Rede Globo.

Na década de 1990, a produção de telenovelas e seriados voltou-se para a juventude, com *Top model* (1989-1990), *Vamp* (1992), *Malhação* (1996) e *Confissões de adolescente* (1994), e surgiu o *Programa livre* (1991), no SBT, apresentado por Serginho Groisman.

Na área musical, despontaram, ainda na década de 1980, a MTV (1981), o estilo *hip-hop*, o *heavy metal*, a música eletrônica e a realização do *Rock in Rio* (1985). Em São Paulo, surgiram bandas de rock, criadas, em sua maioria, por grupos de colégios, que marcaram o cenário nacional, como *Ira!* (1981), *Ultraje a Rigor* (1983), *Titãs* (1984) e *RPM* (1985). Vindos de outros estados, associaram-se ao panorama de acordes brasileiros os grupos *Legião Urbana* (1982), de Brasília; *Barão Vermelho* (1981) e *Kid Abelha* (1981), do Rio de Janeiro; *14 Bis* (1979), de Minas Gerais, e *Engenheiros do Hawaii* (1984), de Porto Alegre. A cultura pop entra em sintonia, encontrando no rádio e na televisão sua melhor forma de propagação. Como reflexo de uma sensação de apatia e ansiedade que marcou parte dessa geração, recém-saída de um regime repleto de imposições e limites, os versos de Edgar Scandurra fornecem uma ilustração pertinente da relação do jovem com a metrópole:

> Mais um ano que se passa
> Mais um ano sem você
> Já não tenho a mesma idade
> Envelheço na cidade [96]

A juventude é brindada com o reconhecimento de seu valor de opinião e predomina como categoria de consumo sociocultural. Para Jullier e Marie, após o sucesso de *Guerra nas estrelas* (*Star Wars*, 1977), a indústria do cinema resolveu apostar na diversão. "A crise das narrativas investigativas, a queda em desuso das lições de vida, as ideias negras, os heróis cansados tornam-se preocupações marginais, e a modernidade e as *avant-gardes* não são mais que fornecedoras de ideias visuais para os clipes da MTV."[97] Segundo Carreiro, essa lógica explica as modificações que a indústria do cinema vem sofrendo desde a década de 1970. A consolidação do *blockbuster*, exemplificada com o sucesso dos filmes *Tubarão* (1976) e *Guerra nas estrelas*, está diretamente relacionada com o surgimento do jovem no mapa de consumo cultural.

> A estética desse tipo de filme sofre pequenas alterações ao longo das duas décadas seguintes, mas é possível dizer que os *blockbusters* atualizam antigos arquétipos (o herói, a donzela) e dicotomias (mocinhos/bandidos) de Hollywood para um cenário de cultura pop, com protagonistas jovens e referências multimídias [histórias em quadrinhos, seriados de TV]. A plateia do *blockbuster*, também jovem, perfaz o perfil do leitor dos jornais brasileiros na década seguinte.[98]

---

96 Edgard Scandurra, "Envelheço na cidade", em: Ira!, *Vivendo e não aprendendo*, São Paulo: Warner Music Brasil, 1986, disco sonoro, lado A, faixa 1.
97 Laurent Jullier; Michel Marie, *Lendo as imagens do cinema*, op. cit., p. 214.
98 Rodrigo Octávio d'Azevedo Carreiro, *O gosto dos outros: consumo, cultura pop e internet na crítica de cinema de Pernambuco*, 203 folhas, Dissertação (Mestrado em Comunicação) – Universidade Federal de Pernambuco, Recife, 2003, p. 100.

No início da década de 1980, a produção cinematográfica brasileira sofreu com o modelo econômico adotado pelo regime militar e com a crise no pagamento da dívida externa, que afetou a produção de filmes e a frequência às salas de exibição. O baixo índice de renovação de diretores e roteiristas, a popularização do videocassete e a recuperação do cinema norte-americano também colaboraram para o esgotamento da forma de funcionamento da Embrafilme. Alguns bons filmes realizados por uma promissora geração de cineastas foram vistos basicamente em festivais, como o hoje considerado obra-prima *O homem que virou suco* (João Batista de Andrade, 1981), que, apesar de uma bilheteria frustrante na época, foi premiado no Festival de Gramado, no de Brasília, e em eventos internacionais na Espanha, na França e em Moscou. A situação atenuou-se a partir de 1984, com o aperfeiçoamento da Lei do Curta (criada em 1975), que obrigou a exibir o produto nacional antes do filme estrangeiro.

Num período ainda marcado pela ditadura, na primeira metade da década destacaram-se abordagens de cinema político como *Pra frente, Brasil* (Roberto Farias, 1982), filme estranhamente censurado, pois teve verba da Embrafilme; *Eles não usam black-tie* (Leon Hirszman, 1981), inspirado em dramaturgia de Gianfrancesco Guarnieri, além da produção de bem-sucedidos documentários sobre a realidade recente do país, como *Cabra marcado para morrer* (Eduardo Coutinho, 1984).

Por outro lado, apesar de a época geralmente ser considerada pouco produtiva no campo cinematográfico, a presença do jovem na produção de longas-metragens tornou-se crescente nos anos 1980, quer como elemento inspirador, como protagonista, quer na direção exercida por novas gerações, com bons exemplos nos polos de São Paulo (com a geração formada na ECA-USP e o circuito cultural alternativo da Vila Madalena), Rio de Janeiro (que reivindicava um cinema popular com os filmes de Antonio Calmon) e Rio Grande do Sul (com os curta-metragistas gaúchos liderados por Jorge Furtado), dando amplitude aos registros da juventude na época. Segundo Mário Ortiz Ramos, a presença jovem, ou de novas gerações, no cinema brasileiro dos últimos anos vem sendo crescente. De início, apenas alguns longas-metragens destacados, como *O sonho não acabou* (Sérgio Resende, 1982), ou *O olho mágico do amor* (Ícaro Martins e José Antonio Garcia, 1981). Logo em seguida, uma segmentação em núcleos sem projetos caros, a produção contínua de filmes, caracterizando uma geração em que os ecos de movimentos políticos e culturais do passado já não se propagavam com tanta força.[99]

Ao analisar as produções da década de 1980, percebemos que parte delas é voltada nitidamente para um público jovem. A chegada do *cinema jovem* carioca apresentará abordagem sexual, cenário de praia e festa, atores conhecidos, apelo musical (com trilha sonora de bandas emergentes nas paradas de sucesso), caráter comercial e um viés assumidamente descartável. Muitos filmes chegarão a ter grande receptividade de público, como *Menino do Rio* (1981) e *Garota dourada* (1983), ambos de Antonio Calmon, hoje renomado autor de novelas da TV Globo, e *Bete Balanço* (Lael Rodrigues, 1984). Curiosamente, outras produções que assumiram a mesma *fórmula* não obtiveram tanto êxito, como *Rock Estrela* (1986) e *Radio Pirata* (1987), ambas de Lael Rodrigues. De alguma maneira, porém, numa situação de contraposição à conduta social, temos a afirmação incisiva do cinema como registro e documento de uma época, seja no linguajar dos personagens, seja nos figurinos, nas locações e na fotografia.

A produção gaúcha ganhou destaque com o longa-metragem filmado em super-8[100] *Deu pra ti anos 70* (Giba Assis Brasil e Nelson Nadotti, 1981), que abordava a juventude dos anos 1970 a partir de seus locais de encontro e interação na cidade. Construindo um painel histórico e

---

99 Jose Mario O. Ramos, *Cinema, Estado e lutas culturais (Anos 50, 60, 70)*, Rio de Janeiro: Paz e Terra, 1983, p. 445.
100 Bitola, criada pela Kodak em meados da década de 1960, visando sobretudo o uso privado e a produção doméstica de filmes. O formato, porém, foi apropriado pela produção artística e, no caso gaúcho, também comercial.

emotivo daquela geração, conquistou o prêmio de melhor filme no I Festival Nacional de Cinema Super-8, em Gramado, e abriu caminho para outras produções de filmes juvenis que tratavam das dificuldades de convivência na cidade de Porto Alegre, como *Coisa na roda* (Werner Schünemann, 1982), *Inverno* (Carlos Gerbase, 1983) e *Verdes anos* (Carlos Gerbase e Giba Assis Brasil,1984).

No longa-metragem *O sonho não acabou* (Sérgio Resende, 1982), o título sugere uma abordagem sentimental e esperançosa de um grupo de jovens que, no início da década, por motivos alheios à sua vontade, ainda não haviam exercido o direito de voto. Estavam inseridos num momento pós-ditadura e no compasso de espera de uma possível democracia, sem ainda ter tido acesso ao modelo consumista que caracterizou o período. Em *Nunca fomos tão felizes* (Murilo Salles, 1984), o jovem Gabriel (Roberto Bataglin) é retirado de um colégio interno por seu pai (Claudio Marzo) e acomodado temporariamente num grande apartamento. Ele pouco sabe sobre a vida do pai – militante político perseguido pela polícia do regime militar – e começa a investigar o mistério que o cerca. O filme foi rodado no último ano do governo militar.

Como retrato de busca de identidade e de novos caminhos por essa juventude, temos, em meados da década de 1980, as produções *A cor do seu destino* (Jorge Durán e Tereza Gonzalez, 1986); *Um trem para as estrelas* (Cacá Diegues, 1987) e *Feliz ano velho* (Roberto Gervitz, 1987). Este último, baseado em livro homônimo de Marcelo Rubens Paiva, lançado em 1982 com boa receptividade do público, que conta fatos verídicos sobre a vida do jovem escritor, filho de um preso político assassinado pela ditadura militar, numa linguagem que denota o clima de velocidade de informações da época, o pensamento do jovem e a reticência em relação ao futuro. Sobre a presença do jovem nesse período, Paiva declara:

> Quando lancei meu primeiro livro, em 1982, minha queixa mais constante na imprensa, nas entrevistas que eu dava, era de que havia muito pouco espaço de manifestação para a juventude brasileira. Não havia canais de

troca, não havia pessoas pensando, não havia espaço para divulgação, não havia cadernos especiais nos jornais, como existem hoje o *Folhateen* e o *ZAP*, não havia programas como o "Matéria Prima", o "Programa Livre", o "H", nem revistas especializadas. Era uma grande concentração de gente sem voz. E o que me levou a escrever meu primeiro livro foi uma tentativa de responder à pergunta: "O jovem é alienado, se mobiliza, ou é um individualista?". Eu queria registrar e expor uma época de que fiz parte, o movimento por meio do qual minha geração e eu, organizados ou não, acabamos interferindo na história do Brasil – o movimento estudantil do final dos anos 70. Para responder a essa pergunta, faço outra: Che Guevara e Fidel Castro começaram quando eram jovens? Jesus Cristo começou quando era jovem? Eu pergunto isso porque o jovem pode perceber que, apesar de uma regra ser estabelecida em lei, pode ser alterada. [...] Não tenho a menor dúvida de que o jovem é um revolucionário, por estar convivendo com outros jovens, por ter problemas com gerações anteriores, por ter problemas na escola, por sempre duvidar daquilo que lhe é ensinado.[101]

Com relação à alienação em conflitos familiares, destacaram-se as produções *Com licença, eu vou à luta* (Lui Farias, 1986); *A menina do lado* (Alberto Salvá, 1987) e *Dedé Mamata* (Rodolfo Brandão, 1988). No retrato de personagens femininos emblemáticos, temos duas produções com interpretações premiadas no Festival de Berlim: *A hora da estrela* (Suzana Amaral, 1985), prêmio para Marcélia Cartaxo, e *Vera* (Sérgio Toledo, 1986), prêmio para Ana Beatriz Nogueira. No Festival de Cannes, foi concedido o prêmio de interpretação feminina para Fernanda Torres, com *Eu sei que vou te amar* (Arnaldo Jabor, 1986).

A década de 1990 foi marcada pela amplificação, nos meios de comunicação, do *funk* e do *hip-hop* e de grupos de rock, *punk* e *heavy*

---

101 Marcelo Rubens Paiva, "Juventude e mobilização", em: Helena Wendel Abramo; Maria Virginia Freitas; Marília Pontes Sposito (org.), *Juventude em debate*, São Paulo: Cortez, 2002, pp. 41-42.

metal junto aos jovens, como novas formas de representação social e manifestação de descontentamento com os rumos do país e com os altos índices de violência, como o assassinato de meninos de rua na Candelária, os arrastões nas praias (Rio de Janeiro) e o massacre no Carandiru (São Paulo). Foi uma década formada por uma geração associada à *desesperança*, sem causa definida, ligada ao contexto em que esses jovens estavam inseridos, aliada a letras de músicas de *rap* que remetiam à delinquência juvenil. Em contraponto, surgiu o movimento dos caras-pintadas, que favoreceu o *impeachment* do então presidente Fernando Collor de Mello. Em 1992, a Rede Globo transmitiu a minissérie *Anos rebeldes*, de Gilberto Braga, que, como drama histórico, funcionou como sequência de *Anos dourados*, iniciando seu enredo no ponto em que a outra terminava (início da década de 1960).

> A mensagem derradeira de *Anos rebeldes* refere-se claramente à crise política de 1992: o *impeachment* do presidente Collor deu-se poucos meses após a veiculação da minissérie. Foi a época do desencantamento com a Nova República, tão promissora em 1986. É então que a televisão brasileira explora o veio político em seus seriados e que a Globo transmite uma série de dramas que, tomados em conjunto, oferecem uma visão liberal (em termos brasileiros) da história recente do país, idealizando os anos JK e apontando o golpe de 1964 como fonte ou sinal da divisão social e como perda da inocência.[102]

A grande crise do cinema nacional chegou durante o início da década de 1990, com a extinção – decretada pelo até então presidente da República Fernando Collor de Mello em março de 1990 – da Embrafilme e do Concine, instrumentos de financiamento e regularização da atividade cinematográfica no país, abrindo espaço para a ocupação do

---

102 Ismail Xavier, *O olhar e a cena. op. cit.*, p. 159.

produto cinematográfico estrangeiro nos anos seguintes. Em 1993, no governo de Itamar Franco, foi aprovada a Lei do Audiovisual, iniciando um período conhecido como Retomada do Cinema Brasileiro (1995-2002), embora essa expressão não seja considerada pela totalidade dos profissionais envolvidos com as atividades cinematográficas no país, entendendo-se que não houve uma retomada, e sim uma interrupção (ver Quadro 2). De qualquer modo, trata-se de uma fase em que a quase totalidade dos filmes, embora com concepções diferentes, concentrou-se nas questões nacionais e nas contradições do país, dando visibilidade a ações de protagonismo juvenil, muitas delas associadas à violência urbana, tendo como única ligação o tom pessoal da narrativa, como nas produções *Terra estrangeira* (1995); *Como nascem os anjos* (1996) e *Central do Brasil* (1998).

Ainda sobre esse período, de acordo com Oricchio:

> Outro aspecto a ser discutido é o da suposta diversidade da produção brasileira contemporânea. Esse cinema que renasce das cinzas de fato apresenta uma variedade de temas e gêneros muito grande. Há comédias, filmes políticos, obras de denúncia, de entretenimento puro, filmes destinados ao público infantil, neochanchadas, policiais, épicos, etc. [...] Esta variedade da oferta, que não é apenas de gêneros, mas de estilos, pode ser entendida de outra forma. Ela refletiria também a típica fragmentação mental do homem dos anos 1990. Com o chamado "fim das utopias", cada qual se sentiu liberado para estabelecer a própria agenda de prioridades. De uma maneira deliciosamente livre e confusa, o criador pode optar entre expressar seus fantasmas pessoais, divertir o público ou preocupar-se com a questão social do país. Em tese nada lhe será cobrado, porque, se existe inegável mal-estar na sociedade, este é suficientemente difuso para que não se saiba muito bem como lutar contra ele, ou mesmo exprimi-lo de forma artística convincente.[103]

---

103 Luiz Zanin Oricchio, *Cinema de novo: um balanço crítico da retomada*, São Paulo: Estação Liberdade, 2003, pp. 30-31.

É nesse contexto social que ocorre a produção de filmes significativos fora da região Sudeste, num momento de *redescobrimento* do país, em que são exploradas, através de uma temática inicialmente regional, diferentes formas de comportamento, linguagem e sua relação social, além de se conferir um tratamento especial às paisagens e crenças, num misto de tradição e modernidade, em formas vibrantes e coloridas, como em *Corisco & Dadá* (Rosemberg Cariry, 1996); *For all – o trampolim da vitória* (Luis Carlos Lacerda e Buza Ferraz,1997); *Baile perfumado* (Paulo Caldas e Lírio Ferreira, 1997); *Crede-mi* (Bia Lessa e Dany Roland, 1997); *Eu, tu, eles* (Andrucha Waddington, 2000); *Amarelo manga* (Claudio Assis, 2003); *Deus é brasileiro* (Cacá Diegues, 2003) e *O céu de Suely* (Karim Aïnouz, 2006).

QUADRO 2 **FILMES REPRESENTATIVOS DO CINEMA DA RETOMADA**

Alma corsária	Carlos Reichenbach	1994
Carlota Joaquina	Carla Camurati	1995
Sábado	Ugo Giorgetti	1995
Terra estrangeira	Walter Salles e Daniela Thomas	1995
O quatrilho	Fábio Barreto	1995
Pequeno dicionário amoroso	Sandra Werneck	1996
Tieta	Cacá Diegues	1996
Os matadores	Beto Brant	1997
Guerra de Canudos	Sérgio Rezende	1997
Central do Brasil	Walter Salles	1998
A hora mágica	Guilherme de Almeida Prado	1998

Fonte Luiz Zanin Oricchio. *Cinema de novo: Um balanço crítico da retomada*, op. cit.

Estão inclusos nessa lista do crítico de cinema Luiz Zanin Oricchio dois filmes significativos e pré-selecionados para a pesquisa desenvolvida neste estudo: *Alma corsária* e *Terra estrangeira*. Com uma linguagem marcada pela leveza, o primeiro retrata a amizade entre dois personagens que, ao lançarem um livro de poemas numa pastelaria no centro paulistano, recordam o início da sua amizade na década de 1950. O segundo aborda a busca de identidade e de novos caminhos através da imigração, com a história do jovem Paco, que, ao tentar ir a Portugal, terra de sua mãe, se envolve numa série de ações e conflitos numa terra estranha.

Com uma temática de entretenimento que remete a um público jovem, mas sem deixar de discutir questões sociais pertinentes à sua época, como consumo de drogas e delinquência juvenil, o filme *Meu nome não é Johnny* (2008), uma produção do Rio de Janeiro, foi considerado o único longa-metragem nacional do ano a ultrapassar a marca de 1 milhão de espectadores, quando a produção de filmes parecia consolidada com o impulso dos bons ventos do período da referida *retomada*, embora essa fase, ou avanço, não corresponda à superação dos problemas do cinema brasileiro em termos de captação, produção e distribuição. A política de renúncia fiscal mostra que grande parte das produções ainda depende de subsídios do governo para a sua viabilização, e alguns privilegiados desfrutam de grandes distribuidoras, como a Globo Filmes, e produtores tradicionais. São frequentes os filmes acabados que, por não encontrarem espaço no mercado exibidor, veem suas sessões restritas a participações em festivais.

De acordo com o jornalista Leonardo Mecchi[104], quando se analisam as maiores bilheterias brasileiras a partir do ano 2000, percebe-se a predominância do *filme-verismo*[105], aquele que busca sua legitimação na representação de determinado aspecto da nossa realidade (uma vida, um período, um evento). Tomemos como exemplo *Os dois filhos de Francisco* (Breno Silveira, 2005), *Carandiru* (Hector Babenco, 2003), *Cidade de Deus* (Fernando Meireles e Kátia Lund, 2002) e *Tropa de elite* (José Padilha, 2007), que atingiu a marca de 2,5 milhões de espectadores no cinema.

---

104 Leonardo Mecchi, *O cinema popular brasileiro do século 21*, disponível em: <http://www.revistacinetica.com.br/cinemapopular1.htm>, acesso em: 10 ago. 2017.
105 Termo derivado do movimento chamado Verismo. Foi uma reação às óperas wagnerianas e ao sentimentalismo das óperas românticas italianas. Tudo começou com o movimento naturalista na literatura francesa, do qual Émile Zola foi um dos maiores expoentes.

Última parada 174 (Bruno Barreto, 2008), por sua vez, indicado para concorrer ao Oscar de melhor filme estrangeiro[106], abordou o mesmo fato retratado no documentário *Ônibus 174* (José Padilha, 2002) – embora tenha tido uma pálida reação de público e de crítica, muito provavelmente como reflexo do desgaste de uma fórmula bem-sucedida. O fato é que o *filme-verismo* sempre esteve presente em nossa história cinematográfica, seja em *Xica da Silva* (Cacá Diegues, 1976), ou na produção considerada marco da *retomada* do nosso cinema, *Carlota Joaquina* (Carla Camurati, 1995). A partir de 2008, no cenário das produções cinematográficas, chama sutilmente a atenção uma leva de filmes dotados de uma linguagem jovem e/ou que apresentam o jovem como protagonista, exemplificados em *As melhores coisas do mundo* (Laís Bodanzky, 2009); *Vips* (Toniko Melo, 2010); *Léo e Bia* (Oswaldo Montenegro, 2010); *A alegria* (Felipe Bragança e Marina Meliande, 2010) e *Bróder* (Jeferson De, 2010).

Neste primeiro capítulo, abordamos alguns conceitos e características da linguagem cinematográfica, sua presença no Brasil e a relação entre a cidade e a juventude, o estado das políticas públicas voltadas para os jovens e o contexto histórico das produções *Pixote* e *Meu nome não é Johnny* (entre as décadas de 1980 e 2000).

Os capítulos seguintes tratam das possibilidades de apresentação do herói na tela e analisam os gêneros presentes nos filmes objeto deste estudo. Apresentam-se também outras reflexões sobre questões relativas às aventuras desses dois sujeitos/personagens da metrópole – Pixote e João Guilherme –, de caráter multifacetado e prováveis candidatos a heróis de suas histórias, apesar de sua trajetória atribulada, que tem como cenário e antagonista a grande cidade e suas artimanhas, repleta de seduções e implacável devoradora de sonhos.

---

106 *Academy Awards* (no original em inglês) é um prêmio criado pela Academia de Artes e Ciências Cinematográficas, fundada em Los Angeles, Califórnia, em 11 de maio de 1927. O Oscar é entregue anualmente pela Academia, em reconhecimento à excelência de profissionais da indústria cinematográfica, como diretores, atores e roteiristas, entre outros.

Os gêneros ficcionais e a representação de um herói contemporâneo

capítulo 2

> Meu partido é um coração partido
> E as ilusões estão todas perdidas
> Os meus sonhos foram todos vendidos
> Tão barato que eu nem acredito, ah, eu nem acredito
>
> CAZUZA

Com quase três décadas de distância, *Pixote: a lei do mais fraco* e *Meu nome não é Johnny* tiveram grande repercussão no período de lançamento, por envolverem questões sociais polêmicas. Os dois filmes contaram com um bom esquema de produção, distribuição e qualidade da equipe envolvida e tiveram boa bilheteria. Adaptações bem-sucedidas de livros[1], abarcam vários gêneros, com protagonistas com características distintas dos heróis tradicionais, inspirados em personagens reais e contemporâneos ao seu lançamento. Segundo Augé, cabe à antropologia reagrupar alguns fatos, muitas vezes percebidos isoladamente, e dar-lhes algum significado:

> A antropologia social sempre teve por objeto, por meio do estudo de diferentes instituições e representações, a relação entre uns e outros ou, mais exatamente, os diferentes tipos de relações que cada cultura autoriza, ou impõe, tornando-as pensáveis e geríveis, isto é, simbolizando-as e instituindo-as. Acrescentemos que as culturas nunca caem do céu, que as relações entre humanos sempre foram produto de uma história, de lutas, de relações

---

1 Como vimos, *Pixote* foi inspirado no livro *Infância dos mortos*, de José Louzeiro, e roteirizado por Hector Babenco e Jorge Duran; *Meu nome não é Johnny* inspirou-se no livro homônimo do jornalista Guilherme Fiúza e teve roteiro de Mauro Lima e Mariza Leão.

de força. A necessidade de que elas façam sentido (sentido social, pensável e gerível) não faz delas necessidades naturais, mesmo quando elas assumem uma tal aparência.[2]

Uma das questões é saber, pelo contexto da época, de que forma essas produções se assemelham ou se distanciam, pelo(s) gênero(s) priorizado/escolhido(s), num amálgama do retrato de seus protagonistas com o contexto relativo à marginalidade e aos consequentes submundos, e de que maneira se estabelece a trajetória desses jovens anti-heróis, ligando seus valores e ideais – ou a ausência deles – à sua relação com a sociedade. Seriam eles meros transgressores ou simples vítimas da avareza da metrópole, como em *Pixote*, ou de vínculos sociais mal sedimentados, presentes em *Meu nome não é Johnny*? De forma peculiar, são apresentados dois *flâneurs*: livres, conscientes, que preservam sua própria identidade ou – segundo Benjamin – oferecem outro conceito possível de construção do mundo e das relações sociais.

Ao se contextualizar o conteúdo apresentado na tela de acordo com a representação da realidade que o inspirou, com diferentes percepções de mundo, num retrato de perspectivas sociais para além do olhar de quem detém a fonte de informação (roteirista, diretor, montador), observa-se que ambos os filmes apresentam resultados instigantes do ponto de vista poético/imaginário e da estrutura social, por vezes cruel e castradora, seja no trabalho contundente dos protagonistas, seja no pulso da direção. No entanto, as produções divergem em vários sentidos, assemelham-se em outros e definem aspectos de uma sociedade que, em momentos históricos distintos, apresenta uma tortuosa trilha para seus protagonistas. Ambos conjugam aspectos que refletem a busca por uma liberdade sem concessões. Segundo Campbell, "as

---

[2] Marc Augé, *A guerra dos sonhos: exercícios de etnoficção*, trad. de Maria Lúcia Pereira, Campinas: Papirus, 1998, p. 12.

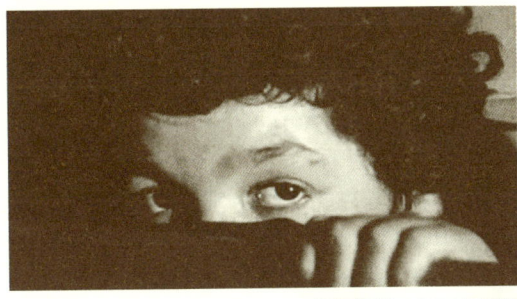

Protagonistas dos filmes *Pixote* e *Meu nome não é Johnny* em reclusão.

provações são concebidas para ver se o pretendente a herói pode realmente ser um herói. Será que ele esta à altura da tarefa? Será que ele é capaz de ultrapassar os perigos? Será que ele tem a coragem cabal, o conhecimento, a capacidade que o habilitem a servir?"[3].

---

3 Joseph Campbell, *O poder do mito*, op. cit., p. 133.

Gêneros ficcionais: *Pixote* e *Meu nome não é Johnny*

A observação crítica de gênero[4] iniciou-se com a classificação e a evolução dos diversos tipos de textos literários. Os gêneros encontram-se presentes em toda e qualquer forma literária e também em produções sonoras e audiovisuais. O gênero fílmico está associado às vicissitudes históricas e sociais, seguindo as características do gênero literário, em que se observa a atuação da literatura ocidental na premissa de romper com a elitista *separação de estilos* associada ao modelo trágico grego: a tragédia como superior à comédia; a nobreza se sobrepondo ao *demos*[5].

Aristóteles classificou as matrizes gregas na tríade genérica fundamental, composta do épico, do dramático e do lírico – expoentes da literatura clássica –, ao fazer a distinção entre o meio de representação, os objetos representados e o modo de apresentação. Frye sugere um quarto gênero, a *ficção*, com o intuito de dar conta da palavra impressa. Aponta para a existência dos *modos de ficção* – ficção trágica, cômica e temática –, que se distanciam pela ação desenvolvida pelo herói no decorrer da história:

> O local de destaque destinado a este herói adquire sentido analítico na medida em que o mesmo se apresenta como elo fundamental de ligação entre a proposta do autor e as expectativas do leitor. O herói é divino, quando a história é *mítica*; ser humano superdotado de capacidades maravilhosas, quando a história é *romanesca*; líder com autoridade, paixões e poderes superiores aos homens comuns, quando o modo ficcional é *imitativo elevado*; herói comum, como qualquer homem comum, quando o modo ficcional é o *imitativo baixo* – presente principalmente nas comédias e

---

4 Etimologicamente, o termo provém do latim *genus*, que significa "tipo".
5 Cf. Erich Auerbach, *Mimesis: a representação da realidade na literatura ocidental*, trad. de George Bernard Sperber, São Paulo: Perspectiva, 1994.

ficções realísticas; e, finalmente, herói inferior, que aparece, em geral, no modo *ficcional irônico*.[6]

A noção de gênero está ligada ao conceito de ideologia, presente nas reflexões sobre cultura de massa e indústria cultural. Os gêneros ficcionais apresentam um referencial comum de mediação entre produtores culturais/autores, produtos e receptores. Encontra-se na obra de Todorov uma clara posição a respeito da presença dos gêneros como elemento de conexão entre passado e presente e mediação entre a obra e o universo da literatura:

> Um novo gênero é sempre a transformação de um ou de mais gêneros antigos: por inversão, por deslocamento, por combinação. Um "texto" de hoje [que também é um gênero, em certo sentido] deve tanto à "poesia" como ao "romance" do século XIX, assim como a "comédia lacrimejante" combinava as características da comédia e da comédia do século precedente. Nunca houve literatura sem gêneros [...] Não há qualquer necessidade de que uma obra encarne fielmente seu gênero, há apenas uma probabilidade de que isso se dê [...] uma obra pode, por exemplo, manifestar mais de um gênero.[7]

Para Martín-Barbero, os gêneros ficcionais são entendidos como mediações comunicativas que interagem no processo de configuração da expressividade social da cultura de massa. Essas narrativas assumem o papel de estratégias de comunicabilidade, fato cultural e modelos, articulados às dimensões históricas do espaço em que são produzidos e apropriados. Segundo o autor, o cinema, como primeiro meio de uma cultura de massas transnacional, abarca a linguagem do folhetim com a

---

6 Northrop Frye, *Anatomia da crítica: quatro ensaios*, trad. de Péricles Eugênio da Silva Ramos, São Paulo: Cultrix, 1973, pp. 39-40.
7 Tzvetan Todorov, *Os gêneros do discurso*, Lisboa: Edições 70, 1981, p. 48.

universalidade da gramática da produção cultural de massas. Além do *star system*, outro grande motor da indústria cinematográfica na percepção das massas foi o gênero. Nesse sentido, Martín-Barbero afirma,

> O gênero não é somente qualidade de narrativa, e sim o mecanismo a partir do qual se obtém o reconhecimento – enquanto chave de leitura, de decifração do sentido, e enquanto reencontro com um "mundo" – isto será verdadeiro, e muito mais verdadeiro ainda, com os gêneros cinematográficos. Neles, as "condições de leitura" serão tomadas e trabalhadas sistematicamente a partir do espaço da produção.[8]

De acordo com Robert Stam, os gêneros apresentam-se acompanhados de conotações de classes e avaliações sociais, sendo a arte revitalizada ao assumir estratégias de formas e gêneros, antes marginalizadas, e ao abarcar uma diversidade polifônica de materiais, transformando-a, sagazmente, numa nova narrativa, tanto no caso do romance (ficções de cortesania, literatura de viagem, alegoria religiosa, obras de pilhéria) como no do cinema.

> O cinema foi trazendo esta canibalização ao seu paroxismo. Como linguagem rica e sensorialmente composta, o cinema, enquanto meio de comunicação, está aberto a todos os tipos de simbolismo e energias literárias e imagísticas, a todas as representações coletivas, correntes ideológicas, tendências estéticas e ao infinito jogo de influências no cinema, nas outras artes e na cultura de modo geral. Além disso, a intertextualidade do cinema tem várias trilhas. A trilha da imagem "herda" toda a história da música, do diálogo e da experimentação sonora. A adaptação, neste sentido, consiste na ampliação do texto-fonte através desses intertextos.[9]

---

8 Jesús Martín-Barbero, "A mudança na percepção da juventude: sociabilidades, tecnicidades e subjetividades entre os jovens", *op. cit.*, 2009, pp. 204-205.
9 François Truffaut, *O prazer dos olhos: textos sobre o cinema*, op. cit., p. 24.

Segundo Silvia Borelli[10], a ideia de gênero como modelo dinâmico recoloca-se na reflexão de gêneros ficcionais no campo audiovisual. Salienta, porém, que a transposição dos gêneros da literatura para o cinema e para a televisão deve salvaguardar especificidades que fazem parte da dinâmica dos campos em questão. Ainda que os gêneros mantenham suas características universalizantes no processo de reapropriação, algumas alterações podem permitir que modelos sejam recriados[11]. Gêneros cômicos e melodramáticos, por exemplo, podem se articular a outros, como narrativas policiais, tramas de suspense, musicais, *westerns*, erótico-pornográficos e ficção científica. A qualidade dos gêneros, ao ampliar sua presença no universo cultural, constitui-se como mediação fundamental na relação entre produtores, produtos e receptores na cultura moderna:

> Se originariamente a literatura fornece a matriz, hoje em dia os gêneros encontram-se na televisão, cinema, publicidade, prateleiras de videolocadoras e até em certo tipo de jornalismo que se dispõe a trabalhar nas frágeis e nebulosas fronteiras entre documental e ficcional. São comédias, tragédias, melodramas, *westerns*, musicais, suspense e terror que circulam, imageticamente, pelos campos audiovisuais. Falar em gêneros, portanto, significa dialogar, aqui, com a literatura e com outras manifestações da ficcionalidade contemporânea, principalmente aquelas produzidas pelos meios audiovisuais.[12]

Robert Stam alerta que o mundo do cinema herdou esse hábito antigo de classificar as obras de arte em *tipos*, alguns extraídos da literatura

---

10 Silvia Helena Simões Borelli (org.), *Gêneros ficcionais, produção e cotidiano na cultura popular de massa*, São Paulo: Intercom; CNPq; Finep, 1994.
11 Um exemplo de mistura de gêneros na linguagem cinematográfica é o filme *Cowboys & aliens* (Jon Fraveau, 2011), baseado numa história em quadrinhos, que mescla ficção científica com signos característicos do Velho Oeste, como o herói solitário, a mocinha destemida, diligências, índios e forasteiros.
12 Silvia Helena Simões Borelli, *Ação, suspense, emoção: literatura e cultura de massa no Brasil*, op. cit., p. 178.

(comédia, tragédia, melodrama), enquanto outros são mais visuais e cinemáticos: *visões, realidades, diários de viagem* e *desenhos animados*:

> Adaptações fílmicas de romances invariavelmente sobrepõem um conjunto de convenções de gênero: uma extraída do intertexto genérico do próprio romance-fonte e a outra composta pelos gêneros empregados pela mídia tradutória do filme. A arte da adaptação fílmica consiste, em parte, na escolha de *quais* convenções de gênero são transponíveis para o novo meio, e *quais* precisam ser descartadas, suplementadas, transcodificadas ou substituídas.[13]

Para Edgar Morin, as louváveis aventuras cinematográficas respondem à mediocridade das existências reais: "os espectadores são as sombras cinzentas dos espectros deslumbrantes que cavalgam as imagens", compensando, assim, a pobreza da vida real.

> A liberdade extra é, evidentemente, a das viagens no tempo e no espaço: aventuras históricas ou exóticas. Esse outro mundo mais livre é o dos cavaleiros e mosqueteiros como o das selvas, das savanas, das florestas virgens, das terras sem lei. Os heróis deste outro mundo são o aventureiro, o justiceiro, o cavaleiro andante. [...] o herói do *western* é o Zorro, o justiceiro que age contra uma falsa lei corrupta, e prepara a verdadeira lei, ou o xerife que, soberano, instaura, de revólver em punho, a lei que assegurará a liberdade. Essa ambiguidade opera uma verdadeira síntese entre o tema da lei e o tema da liberdade aventurosa.[14]

Na passagem pelos gêneros, a linguagem cinematográfica apresentada por Hollywood encontrou um meio de difundir e padronizar a

---

13 Robert Stam, *A literatura através do cinema: realismo, magia e arte da adaptação, op. cit.*, p. 23.
14 Edgar Morin, *Cultura de massas no século XX: o espírito do tempo, op. cit.*, v. 1: Neurose, p. 112.

sua comunicação com o advento do cinema falado. Segundo Jullier e Marie, assistir a um filme de gênero é, na verdade, já saber mais ou menos o que será contado e, por isso mesmo, encontrar-se em posição de avaliar esteticamente a maneira de contar. Há *filmes de gênero* que se inscrevem exatamente em determinado cânone; outros, ao contrário, misturam, justapõem ou subvertem os gêneros; e outros querem evitar qualquer cânone. Os autores concordam sobre a noção de gênero como um rótulo popular e útil, principalmente para o cinema, encontrado nas citações em revistas de programação de televisão, bem como em prateleiras de videolocadoras. No entanto, eles denunciam que, nesta arte, as etiquetas de gênero se referem mais ao conteúdo que ao estilo: fantasia, ficção científica, romance, faroeste, *kung fu*, policial, espionagem, por exemplo, baseiam-se no contexto histórico ou nas peripécias da história, e não na maneira como são mostrados.

> Os gêneros flutuam ao sabor das épocas, dos países, dos grupos socioculturais e dos círculos de fãs. O fantástico não existe mais, o *western* está moribundo, a *screwball comedy* foi inventada depois de acontecer pelos críticos, os especialistas ainda discutem a propósito da diferença entre filme de terror e o filme fantástico, ou entre filme de *kung fu* e o filme de capa-espada – em suma, os gêneros dependem da prática social. Entretanto, a valsa dos rótulos não é tão desordenada nem tão rápida a ponto de eliminar toda pertinência da sua utilização no quadro da análise interna. Os gêneros, na verdade, funcionam como paradigma de expectativas, cujas cláusulas às vezes compreendem elementos de estilo e de técnica narrativa.[15]

Segundo Buscombe, um filme de gênero depende de uma combinação de novidade e familiaridade com aquele que o assiste. As convenções do gênero são conhecidas e reconhecidas pelo público, e tal reconhecimento já é, por si só, um prazer estético:

---

15 Laurent Jullier; Michel Marie, *Lendo as imagens do cinema*, op. cit., p. 98.

A constante exposição a uma sucessão de filmes leva o público a reconhecer que certos elementos formais são dotados de um significado extra. Procurei isolar alguns deles, e, em alguns casos, seu significado foi sugerido. Alguns críticos referem-se a eles como "ícones". Muitas vezes, no entanto, a discussão acaba por aí. Mas é vital observar não como os ícones se relacionam com o cinema em geral, mas sim com os gêneros em particular e de que modo, no cinema popular, esses ícones podem ser articulados com o nosso desejo natural de ver os filmes como expressão de uma personalidade artística.[16]

Ao apresentar a história – repleta de lirismo, emoção e violência – de um grupo de menores abandonados internos num reformatório, sujeitos a diversas atrocidades, o filme *Pixote: a lei do mais fraco* lança mão de uma pluralidade de gêneros que se articulam entre si ao se dividir entre o drama social (predominante), o melodrama, o policial e a aventura, garantindo assim a fluência na narrativa dramática pontuada pela denúncia de mazelas sociais: o evidenciado rito de passagem do personagem-título, a homossexualidade assumida de Lilica e a tentativa de afirmação social dos quatro pequenos delinquentes saltimbancos, revelada na segunda parte do filme. Com um estilo clássico, segmentos articulados para suscitar a emoção, planos de longa duração aliados a uma fotografia que privilegia as cenas noturnas em cores acentuadas, a direção explora um ambiente ficcional repleto de densidade dramática. Com a fuga dos personagens do reformatório, parece que estamos diante de outro filme, com uma narrativa centrada nas tentativas de sobrevivência, propensas a aventuras num mundo externo aparentemente mais colorido, porém cruel.

Segundo Oroz, a familiaridade com a narrativa dá margem ao conhecimento que permite ao espectador saber mais que o herói/

---

16 Edward Buscombe, "A ideia de gênero no cinema americano", em: Fernão Pessoa Ramos (org.), *Teoria contemporânea do cinema: documentário e narratividade ficcional*, São Paulo: Editora do Senac, 2005, v. 2, p. 315.

protagonista a respeito da sua história, seu futuro e suas relações com os outros personagens. O público da produção de massas apresenta, assim, uma cumplicidade ao se deparar com determinado tipo de gênero, seja ele um *western* ou um melodrama.

> Um gênero pressupõe um trabalho com estereótipos e fórmulas narrativas aceitas socialmente. A censura social é determinante em tal estrutura, pois é ela que motiva os parâmetros morais que, por sua vez, são responsáveis pela estrutura sintática do gênero. Dessa maneira, quando, no melodrama cinematográfico, à cena do beijo se segue a elipse de campos semeados embalados pelo vento, ou uma tempestade noturna repleta de relâmpagos, o significado será, respectivamente, amor, harmonioso ou tormentoso. [...] Razões de ordem econômica e necessidades de mercado – e as especificidades dos diferentes meios – influem também na estrutura dos gêneros, que são uma forma padronizada da cultura popular.[17]

A narrativa de *Meu nome não é Johnny* oscila entre os gêneros aventura, romance e drama, unindo realismo, diversão e densidade, com forte apelo juvenil por meio da trilha sonora formada por bandas do *rock* nacional e associação com a linguagem dos quadrinhos, tendo em vista o ritmo frenético das cenas da primeira parte do filme nas ruas e festas de um Rio de Janeiro com referências ao estilo pop dos anos 1980 e 1990. A história vai na contracorrente da associação entre causa e efeito, entre a criminalidade e o ambiente social-familiar, ao apresentar um traficante branco e simpático que não visa aos ganhos materiais além de consumo próprio, pertencente à classe média alta, filho de família estruturada e com uma namorada apaixonada, cúmplice de suas aventuras. Seu final melodramático, com o protagonista arrependido e tendo pago por suas transgressões sociais, atende aos valores

---

17 Silvia Oroz, *Melodrama: o cinema de lágrimas da América Latina*, Rio de Janeiro: Rio Fundo, 1992, pp. 37-38.

da sociedade judeu-cristã e patriarcal, cujos mitos são desenvolvidos pelo melodrama, o que, segundo Oroz, "significa que a necessidade do espectador não é frustrada. Dessa maneira, a ausência de novos valores, ou ainda, de outros valores faz com que o espectador não entre em crise com aqueles já assimilados. Suas referências continuam de pé"[18].

Nas duas produções aqui analisadas, existe a invisibilidade dos pais. Em *Pixote*, a figura do avô aparece de forma insípida, ao passo que em *Meu nome não é Johnny* os progenitores parecem ter lugar apenas no imaginário infantil de João Guilherme. Segundo Edgar Morin, há, na cultura de massa, uma zona central com o desaparecimento do tema dos pais, sendo a invisibilidade dos pais tema significativo do cinema norte-americano.

> O pai decaído e amigável desaparece num fundo acinzentado do imaginário cinematográfico. A mulher está presente em toda parte, mas a mãe envolvente desapareceu. [...] Os *comics* e os filmes americanos vão impor o reino do herói sem família. Tema heroico por excelência – os heróis mitológicos são órfãos, os bastardos de deuses, como Prometeu e Hércules. Tema moderno, porém, no sentido de que nada se sabe a respeito dos pais dos heróis, não que haja mistério no nascimento, mas porque essa determinação é pura e simplesmente ignorada. Um homem e uma mulher, sozinhos na vida, se encontram, ou enfrentam o destino.[19]

Diante da multiplicidade de gêneros presentes nos filmes – proveniente de uma parte representativa da estética contemporânea, geradora de incertezas, fragmentação e relativismo, em que a sociedade reflete uma cultura desgarrada de valores tradicionais, éticos e morais –, podemos entender o caráter híbrido dos princípios dos personagens, cujas ações são marcadas pela ambiguidade, alternando momentos

---

18 *Ibidem*, p. 38.
19 Edgar Morin, *Cultura de massas no século XX: o espírito do tempo*, op. cit., p. 151.

que remetem à possibilidade de um novo tipo de heroísmo, fora do convencional – visto em passagens de luta pela própria sobrevivência, manifestações de hedonismo e busca pela liberdade –, com atitudes ilícitas suscitadas pela necessidade de se defender contra uma realidade hostil ou de suprir um desejo vital do protagonista sedutor. Cada qual à sua maneira, os dois protagonistas acabam conquistando a conivência do espectador, entre risos, compaixão, surpresas e lágrimas.

O herói encontra seu ocaso, continua a existir, sem dúvida e, ao que parece, ainda predomina nas produções culturais do Ocidente, mas sofre uma deslegitimação. Destituído da aura olímpica, resguarda na simulação sua operação informacional. Esvaziou-se por não gerar valor de crença para o qual foi construído, ou seja, já não convence em certas narrativas, pois está distante do modelo inferido pela sociedade que deixou de acreditar [crer] no heroísmo de capa e espada ou nas lutas titânicas, num mundo de extermínio em massa, onde um "bom coração", sozinho, não faz mais diferença, não pode mais vencer.[20]

Uma jornada pela juvenilidade

A aventura está tradicionalmente relacionada aos instintos humanos cotidianos, como o amor, o prazer da liberdade, a coragem e o medo do desconhecido, ainda fartamente disseminados nas narrativas do cinema contemporâneo. Para viajar em seu percurso, é necessária certa dose de desprendimento e enfrentamento do risco – habilidades que devem estar presentes no jovem desbravador inspirado no herói tradicional, para romper possíveis fronteiras. Para Edgar Morin, a adolescência é a idade da busca individual da iniciação, a passagem

---

20 Jorgson Ksam Smith Moraes Junior, *Herói decadente: a emergência histórica do anti-herói na literatura, no cinema e na TV*, op. cit., p. 70.

atormentada entre uma infância que ainda não acabou e uma maturidade que ainda não foi assumida, uma pré-sociabilidade (aprendizagem, estudos) e uma socialização (trabalho, direitos civis).

> Na adolescência, a "personalidade" social ainda não está cristalizada: os papéis ainda não se tornaram máscaras endurecidas sobre os rostos, o adolescente está à procura de si mesmo e à procura da condição adulta, donde uma primeira e fundamental contradição entre a busca de autenticidade e a busca de integração na sociedade. A essa dupla busca se une a busca da "verdadeira vida". Nesta busca, tudo é intensificado: o ceticismo e os fervores. A necessidade de verdade é imperativa: os valores de sinceridade "predominam sobre os valores de infidelidade". Brigitte Bardot, à sua maneira, exprime essa ética adolescente: à pergunta "que qualidades exige você de um homem na vida", ela responde: "nunca ser um farsante".[21]

Nos dias atuais torna-se necessário, mais que nunca, distinguir o sentido e o significado de alternâncias de comportamentos em diferentes campos e territórios. Estes são tempos de deslocamentos rápidos em busca de peripécias e da fixação provisória em ideias e definições, em que a carga dramática muitas vezes está contida na ideia do espetáculo em si. Convém lembrar também de sua estrutura dramática, em que a principal instituição é o mercado, onde é possível comprar e vender de tudo e mais um pouco, entre sonhos e verdades, estabelecendo novos valores para a emoção.

Ao discorrer sobre os mitos que vão incorporar a máquina no novo mundo, Campbell acredita que as aeronaves estão a serviço da imaginação:

---

[21] Edgar Morin, *Cultura de massas no século XX: o espírito do tempo*, op. cit., v. 1: Neurose, p. 154.

O voo da aeronave, por exemplo, atua na imaginação como libertação da terra. É a mesma coisa que os pássaros simbolizam, de certo modo. O pássaro é um símbolo da libertação do espírito em relação a seu aprisionamento à terra, assim como a serpente simboliza o aprisionamento à terra. A aeronave desempenha este papel, hoje.[22]

De acordo com Bruno Bettelheim[23], a necessidade de o herói ser visto como uma urgência psicológica constitui uma construção simbólica que cumpre funções importantes no nosso desenvolvimento. Seria esta uma forma efetiva de nos resguardar para evitar colapsos de relacionamentos em nosso meio? Enquanto as ciências naturais procuram *explicar* as relações causais entre os fenômenos, as ciências humanas precisam *compreender* processos da experiência humana que são vivos, mutáveis, que necessitam ser interpretados para que se extraia deles o seu sentido. Feijó constata que, numa sociedade massificada como a nossa, o indivíduo se sente anulado. A crise mundial atingiu o seu ponto máximo na década de 1930, questionando as perspectivas individuais de ascensão e gerando, assim, uma profunda insegurança:

> De qualquer forma os Super-heróis se incorporaram aos mitos de nosso tempo, desenvolvendo-se num contexto de concentração econômica e alienação, mas menos perigosos do que muitas vezes se supõe. Ou seja: não do povo igualá-los aos mitos das sociedades primitivas pela simples razão de que nessas os indivíduos tinham seus heróis como reais (só que num outro tempo e espaço), ao passo que todos nós sabemos que os Super-heróis são frutos de uma era altamente lucrativa, onde até o herói virou mercadoria.[24]

---

22 Joseph Campbell, *O poder do mito*, op. cit., p. 19.
23 Bruno Bettelheim, *A psicanálise dos contos de fadas*, trad. de Arlene Caetano, São Paulo: Paz e Terra, 2008.
24 Martin Cézar Feijó, *O que é herói?*, São Paulo: Brasiliense, 1995, pp. 91-92.

Campbell afirma que há duas espécies diferentes de mitologia: a que se relaciona com o indivíduo, com sua própria natureza e com o mundo natural de que ele é parte; e a sociológica, que liga o indivíduo a uma sociedade em particular. Os mitos apresentam basicamente quatro funções: a mística, que dá conta do que somos, vivenciando o mistério do universo; a cosmológica, da qual a ciência se ocupa, sem destituir o mistério; a sociológica, que valida e dá suporte a determinada ordem social; e a pedagógica, em que os mitos ensinam como viver uma vida humana sob qualquer circunstância. "Todos os mitos têm lidado com o amadurecimento do indivíduo, da dependência à idade adulta, depois à maturidade e depois à morte; e então com a questão de como se relacionar esta sociedade com o mundo da natureza com o cosmos."[25]

Os momentos finais dos filmes aqui analisados validam e sintetizam o pensamento de Campbell sobre o ciclo de vida do ser humano, principalmente pela forma como é construída a *mise-en-scène* de todo o imaginário ali explorado. O final das duas películas, embora se aproxime do lirismo, é indefinido e nebuloso com relação ao futuro dos protagonistas. Em *Pixote*, a cena condiz com a caracterização comportamental do personagem-título, que caminha num plano aberto entre os trilhos, como que redimido. Já a cena final de *Meu nome não é Johnny* causa certo estranhamento em relação à dinâmica do enredo construído principalmente durante a primeira parte do filme, em que o protagonista exibia uma luminosidade libertária. Não obstante, o final contemplativo diante do mar condiz com a maturidade alcançada durante a tentativa de corrigir erros cometidos em sua trajetória. Segundo Oroz, é em função da convivência conflitiva do mundo como dissonância que se estruturam os mitos da sociedade ocidental. Enquanto nas culturas orientais ela é vivida em concordância, para nós a possibilidade dialética é o sofrimento:

---

25 Joseph Campbell, *O poder do mito*, op. cit., p. 33.

Planos finais de *Pixote* (à esq.) e *Meu nome não é Johnny* (acima).

O mito, com seu valor simbólico, tem, na concepção de Lévi-Strauss, a finalidade de buscar um modelo lógico para superar uma contradição. Assim, converte-se num sintoma de necessidades, mal resolvidas na esfera da realidade. Dessa maneira, manifesta a dependência do plano real ao do fantástico. Tal dependência é fundamental na cultura de massas e está relacionada com o princípio de prazer e com o princípio de realidade. Para Freud, a arte é uma forma que reconcilia ambos os princípios, pois é a imaginação que resolve desejos frustrados no plano do real. A tensão entre o princípio de prazer e o de realidade, provocada pelo enredo do argumento, articula o espetáculo melodramático.[26]

---

26 Silvia Oroz, *Melodrama: o cinema de lágrimas da América Latina*, op. cit., p. 39.

Bauman discorre sobre a escassez atual de pessoas dispostas a *morrer por*, ou capazes de concordar em fazê-lo quando instadas a isso. "Ao ouvirmos falar de 'homens-bomba', tentamos ocultar nossa perplexidade e desconforto por trás de veredictos como 'fanatismo religioso' ou 'lavagem cerebral' – termos que sinalizam nossa *impotência em compreender* em vez de *explicar o mistério*."[27] Segundo o autor, tais ideais tendem a ser substituídos pelos valores da gratificação instantânea e da felicidade individual. À medida que avança a sociedade líquido-moderna, com seu consumismo endêmico, mártires e heróis batem em retirada:

> É isso que separa o mártir do herói moderno. O melhor que os mártires poderiam esperar em termos de ganho seria a derradeira prova de sua integridade moral, do arrependimento de seus pecados, da redenção de sua alma. Os heróis, por outro lado, são modernos – calculam perdas e ganhos, querem que seu sacrifício seja recompensado. Não existe nem pode existir algo como um "martírio inútil". Mas nós desaprovamos, depreciamos, rimos de casos de "heroísmo inútil", de sacrifícios sem lucro...[28]

A partir da década de 1990, algumas produções brasileiras inspiraram-se na mitologia para desenvolver seus roteiros, como *Os doze trabalhos* (Ricardo Elias, 2007), com uma leitura contemporânea do mito de Hércules, em que o jovem Héracles (Sidney Santiago), recém-saído da Febem, tem que realizar doze tarefas pelas ruas de São Paulo para conseguir o emprego de motoboy.

Lavoura arcaica (Luiz Fernando Carvalho, 2001), baseado no livro de Raduan Nassar sobre uma família libanesa no Brasil, é uma versão ao avesso da parábola do filho pródigo. André (Selton Mello) é um filho desgarrado; Pedro, seu irmão mais velho, recebe da mãe a missão de trazê-lo

---

27 Zygmunt Bauman, *Vida líquida*, trad. de Carlos Alberto Medeiros, Rio de Janeiro: Zahar, 2007, p. 56
28 *Ibidem*, p. 59.

de volta ao lar. Pelas lembranças de André, conhecemos as causas de sua fuga: a severa lei paterna e o sufocamento da ternura materna. Ao contrário dos sermões do pai, André afirma a vida, o sexo e a liberdade. Oprimido, o corpo de André reclama seus direitos e exerce-os contra todas as leis, apaixonando-se por sua bela irmã, Ana. Cedendo aos apelos da mãe, André volta ao lar, quebrando definitivamente os alicerces da família.

Crede-mi (Bia Lessa e Dany Roland, 1997) começa com a imagem do mar e a mão de um velho que narra o Gênesis bíblico; no filme, atores amadores do interior do Ceará representaram trechos do romance *O eleito*, de Thomas Mann, mesclando cultura erudita e popular.

Orfeu (Cacá Diegues, 1999) – baseado na peça de Vinicius de Moraes, *Orfeu da Conceição*, inspirada na mitologia grega – é uma refilmagem do clássico *Orfeu negro* (Marcel Camus, 1959). Trata de história de Orfeu (Toni Garrido), um popular compositor de uma escola de samba, insuflador da vida com a sua lira. Morador da favela, ele se apaixona perdidamente quando conhece Eurídice (Patrícia França), recém-chegada no local. Mas entre eles existe ainda Lucinho (Murilo Benício), chefe do tráfico da região. Pensando sobre o protagonista desse filme, Lúcia Nagib escreve:

> Agora, é possível vencer praticando o bem, como faz o protagonista, que, conforme lhe dizem os outros personagens, poderia estar longe da favela se quisesse. Mas, para configurar-se como herói, ele tem antes que sanear a sociedade à sua volta dos maus elementos. Aqui, não há referências senão ocasionais à raça, como o policial chamado "Paraíba" e a designação de Eurídice como "índia", embora a atriz que a interpreta, Patrícia França, apresente o tipo físico da mistura negro-portuguesa. Eurídice no filme pode mesmo ser lida como a personificação do mito brasileiro das três raças, prometendo o paraíso suprarracial, regido pelo amor e a música, que não se concretiza pela interferência fatal do acaso.[29]

---

29 Lúcia Nagib, *O cinema da retomada: depoimentos de 90 cineastas dos anos 90*. São Paulo: Editora 34, 2002, p. 125.

Sobre o caráter de motivação do herói – segundo Campbell –, existem duas espécies de heróis nas narrativas míticas em que "alguns escolhem realizar certa empreitada, outros não. Num tipo de aventura o herói se prepara intencionalmente [...] Depois existem aventuras às quais você é lançado"[30]. Como podemos ver, os filmes aqui analisados encontram-se na segunda categoria. Neles, os protagonistas são levados ao acaso, à mercê da sorte e dos infortúnios, num esquema em que o nascimento determina uma vida sem perspectivas até o surgimento de um chamado que os impele a uma trajetória na metrópole, cujos sistemas sociais acarretam uma ebulição de valores até proporcionar a redenção para o pouso em retorno.

> A façanha convencional do herói começa com alguém a quem foi usurpada alguma coisa, ou que sente estar faltando algo entre as experiências normais franqueadas ou permitidas aos membros da sociedade. Essa pessoa então parte numa série de aventuras que ultrapassam o usual, quer para recuperar o que tinha sido perdido, quer para descobrir algum elixir doador da vida. Normalmente, perfaz-se um círculo, com a partida e o retorno.[31]

Qual ordem deve seguir o protagonista de um filme para que a ação se desenvolva em sintonia com os anseios de um público que espera ser surpreendido cada vez mais? Que caráter esse personagem deve promover e quais dos seus feitos devem ser memoráveis no discurso de seus seguidores, a ponto de vê-lo como um verdadeiro herói? Como o cinema brasileiro registra e promove a presença desses feitos e qual sua similaridade com a juventude e sua cidade? Sobre a questão do reconhecimento do mito e sua permanência na realidade, Morin esclarece que,

---

30 Joseph Campbell, *O poder do mito*, op. cit., p. 137.
31 *Ibidem*, pp. 131-132.

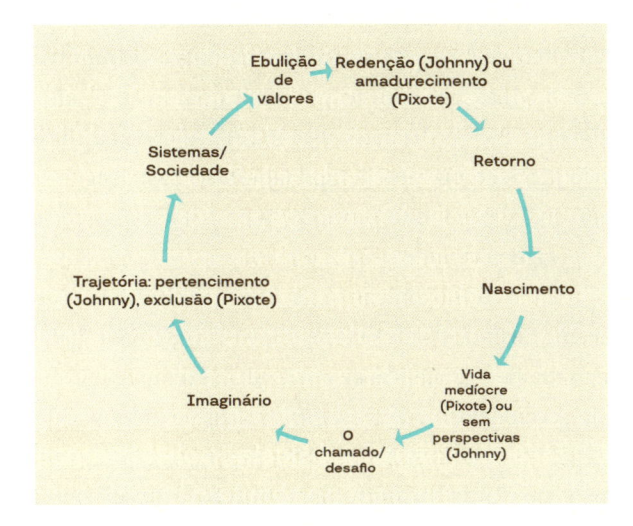

```
                Ebulição    Redenção (Johnny) ou
                   de         amadurecimento
                 valores          (Pixote)

        Sistemas/                              Retorno
        Sociedade


   Trajetória: pertencimento                      Nascimento
   (Johnny), exclusão (Pixote)
                                         Vida
                                       medíocre
                 Imaginário            (Pixote) ou
                                          sem
                                      perspectivas
                              O        (Johnny)
                           chamado/
                            desafio
```

Estudo autoral sobre a trajetória de Pixote e a de João Guilherme inspirado no pensamento de Joseph Campbell.

a partir do momento em que um mito é reconhecido como tal, ele deixa de o ser. Chegamos a este ponto da consciência em que nos damos conta que os mitos são mitos. Mas apercebemo-nos ao mesmo tempo que não nos podemos privar de mitos. Não se pode viver sem mitos, e incluirei entre os "mitos" a crença no amor, que é um dos mais nobres e mais fortes e talvez o único mito ao qual nos deveríamos agarrar.[32]

Essa mesma juventude enaltece os seus ídolos, seguindo valores ditados por outros meios que fortalecem o coletivo. Sendo as normas de relacionamento social embasadas pelas mudanças acarretadas pelo tempo, qual deve ser sua atual originalidade comportamental, já que tentar salvar o mundo já não basta para o herói? Para Mircea Eliade:

---

32 Edgar Morin, *Amor, poesia, sabedoria*, trad. de Ana Paula de Viveiros, Lisboa: Piaget, 1999, p. 31.

O mito garante ao homem que o que ele se prepara para fazer *já foi feito*, e ajuda-o a eliminar as dúvidas que poderia conceber quanto ao resultado de seu empreendimento. Por que hesitar ante uma expedição marítima, quando o Herói mítico já a efetuou num Tempo fabuloso? Basta seguir o seu exemplo. De modo análogo, por que ter medo de se instalar num território desconhecido e selvagem, quando se sabe o que é preciso fazer? Basta, simplesmente, repetir o ritual cosmogônico, e o território desconhecido (=o "Caos") se transforma em "Cosmo", torna-se uma *imago mundi*, uma "habitação" ritualmente legitimada. A existência de um modelo exemplar não entrava o processo criador. O modelo mítico presta-se a aplicações ilimitadas.[33]

Em tempos de casulos e posturas individuais, é difícil caracterizar o que são feitos altruístas numa sociedade contemporânea caracterizada por medidas cada vez mais voltadas ao individualismo e construções ostensivas, seja no consumo de ideias ou na vigência de valores. Para Walter Benjamin[34], essas construções são como o depósito dos sonhos coletivos e exercem um efeito narcótico sobre os sujeitos da modernidade, que só se libertarão deles deixando emergir do inconsciente a conhecibilidade do agora por meio da produção de imagens dialéticas. Lévi-Strauss afirma que a reflexão mítica pode alcançar resultados brilhantes e imprevistos no plano intelectual, como o *bricolage* no plano técnico. Joseph Campbell, por sua vez, afirma que atualmente não se sabe o que move as pessoas. Todas as linhas de comunicação entre as zonas do consciente e inconsciente da psique humana foram cortadas e fomos divididos em dois:

> O herói moderno, o indivíduo moderno que tem a coragem de atender ao chamado e empreender a busca da morada dessa presença, com a qual

---

33 Mircea Eliade, *Mito e realidade*, trad. de Pola Civelli, São Paulo: Perspectiva, 1972, p. 101.
34 Walter Benjamin, *Passagens*, trad. de Irene Aron e Cleonice Mourão, Belo Horizonte: Editora UFMG; São Paulo: Imprensa Oficial do Estado de São Paulo, 2006.

todo nosso destino deve ser sintonizado, não pode – e, na verdade, não deve – esperar que sua comunidade rejeite a degradação gerada pelo orgulho, pelo medo, pela avareza racionalizada e pela incompreensão santificada. [...] Não é a sociedade que deve orientar e salvar o herói criativo; deve ocorrer precisamente o contrário.[35]

Independentemente das correntes de pensadores, as ciências sociais têm-se envolvido, principalmente em tempos recentes, com o desafio de pensar a *crise*, que, de acordo com Edgar Morin, deve ser vista como uma ruptura com a ideia de previsão. Uma ameaça, mas também uma oportunidade no plano das determinações. Cabe ao pensamento fazer uma reflexão profunda e não necessariamente apresentar um diagnóstico. Campbell afirma que, devido à nossa alienação, não conseguimos ultrapassar uma visão instável do real:

> Vagamos incessantemente entre o objeto e a sua desmistificação, incapazes de lhe conferir uma totalidade: pois, se penetrarmos o objeto, libertamo-lo, mas destruímo-lo; e, se lhe deixamos o seu peso, respeitamo-lo, mas devolvemo-lo ainda mistificado. Parece que estamos condenados, durante certo tempo, a falar excessivamente do real. É que, certamente, a ideologia e o seu contrário são comportamentos ainda mágicos, aterrorizados, ofuscados e fascinados pela dilaceração do mundo social. E, no entanto, é isso que devemos procurar: uma reconciliação entre o real e os homens, a descrição e a explicação, o objeto e o saber.[36]

O termo herói carrega em si a representação da condição humana, na sua complexidade de facetas intelectuais, morais e afetivas, essenciais à nossa sobrevivência; alia, porém, em contraponto, a transcendência da

---

35 Joseph Campbell, *O herói de mil faces*, trad. de Adail Ubirajara Sobral, São Paulo: Pensamento, 2007, p. 376.
36 *Ibidem*, p. 178.

mesma condição, ao abarcar características e qualidades/virtudes que o mortal não consegue ter, mas gostaria de atingir. Campbell interpreta o herói como o homem da submissão autoconquistada. E questiona a que se refere essa submissão. Esse é um enigma que temos de colocar diante de nós mesmos: em toda parte constitui a virtude primária e a façanha histórica do herói. Observamos ainda, segundo Campbell, que

> o problema da humanidade hoje, portanto, é precisamente o oposto daquele que tiveram os homens dos períodos comparativamente estáveis das grandes mitologias coordenantes, hoje conhecidas como inverdades. Naqueles períodos, todo o sentido residia no grupo, nas grandes formas anônimas, e não havia nenhum sentido no indivíduo com a capacidade de se expressar; hoje, não há um sentido no grupo – nenhum sentido no mundo: tudo está no indivíduo. Mas, hoje, o sentido é totalmente inconsciente. Não se sabe o alvo para o qual se caminha. Não se sabe o que move as pessoas. Todas as linhas de comunicação entre as zonas consciente e inconsciente da psique humana foram cortadas e fomos divididos em dois.[37]

A eterna relação do homem com a sua jornada envolve momentos de necessária sensibilização. Gonçalves é enfático ao discorrer sobre o caráter mítico na contemporaneidade.

> Sem dúvida nenhuma há sinais nítidos de que a percepção e as práticas de rituais de caráter místico e metafísico são renovadamente celebradas nas sociedades contemporâneas neste alvorecer do século XXI. As grandes religiões do planeta – cristã, mulçumana, budista e hinduísta –, todas de base mitológica, continuam a sensibilizar o homem no caminho da espiritualidade, e seus adeptos são ainda muito numerosos. Também produzem suas marcas profundas nos valores de comportamento e na identidade social não só nos grupos religiosos aos quais pertencem, mas na regulação

---

37 *Ibidem*, p. 372.

normativa mais geral, bem como no *imaginário contemporâneo*. A função psicológica do mito, aquela que diz respeito ao desenvolvimento físico e mental do homem ao longo de sua jornada – infância, maturidade e envelhecimento –, a consciência e projeção simbólica dos seus processos mentais mais interiores em cada uma dessas fases de vida, o universo da memória e do inconsciente – os desejos e sonhos – são latentes e visíveis na tez e no coração da modernidade, e, de modo especial, na produção artística, literatura, teatro, artes plásticas, quadrinhos e cinema.[38]

Morin reconhece o fervor e o descontentamento característicos da juventude e, mesmo percebendo que o adulto é o grande comandante das civilizações, considera que é o jovem quem dá o *start* nas mudanças que serão operadas e cristalizadas pela vida adulta: são motores potenciais capazes de mudanças significativas nas sociedades. O autor discute o conceito de juventude em outros tempos históricos e afirma que, no século XVIII, "o duplo impulso, político e cultural" atuou a favor de uma "juvenilidade política e cultural". Para comprovar sua teoria, cita exemplos de jovens que mudaram o curso da história ao longo dos séculos: Robespierre, Hegel, Marx, Hervé, Elvis Presley, Yves Saint-Laurent, Truffaut. Eles entram na lista de Morin como operadores de "uma revolução mental do homem":

> O tipo de homem que se impõe nas sociedades históricas é o homem adulto. Mas este homem, no mundo contemporâneo, sofre a concorrência nos momentos de crise, do homem jovem, até mesmo do rapaz. Saint-Just, Robespierre são heróis quase adolescentes da primeira grande revolução dos tempos modernos: depois, foram sempre as jovens gerações que estiveram à frente dos movimentos revolucionários.[39]

---

38 Carlos Pereira Gonçalves, *Cinema brasileiro na estrada: identidade, mitologia e cultura no gênero "road-movie" (anos 1990-2000)*, op. cit., p. 110.
39 Edgar Morin, *Cultura de massas no século XX: o espírito do tempo*, op. cit., p. 147.

De acordo com Raymond Williams, certos significados, experiências e valores que não se podem expressar em termos da cultura dominante, ainda são vividos e praticados à base do resíduo – cultural bem como social – de uma instituição ou formação social e cultural anterior[40]. A cultura é algo em movimento e não pode ser entendida apenas pelo que é exteriorizado num momento específico, qualquer recorte de manifestação cultural é incompleto se não se perceber o que é residual e o que é emergente. Para Lévi-Strauss, os mitos estão longe de ser obra de uma *função fabuladora* que volta as costas para a realidade:

> Os mitos e os ritos oferecem como valor principal a ser preservado até hoje, de forma residual, modos de observação e de reflexão que foram (e sem dúvida permanecem) exatamente adaptados a descobertas de tipo determinado: as que a natureza autorizava, a partir da organização e da exploração especulativa do mundo sensível em termos de sensível. Essa ciência do concreto deveria ser, por essência, limitada a outros resultados além dos prometidos às ciências exatas e naturais, mas ela não foi menos científica, e seus resultados não foram menos reais.[41]

A juventude encontrou, na sociedade, o caminho para o estabelecimento de valores e para a construção de um discurso polifônico visando conquistar o direito a uma identidade própria. Ela se distingue por outra ordem na busca da satisfação pessoal e/ou coletiva. Em alguns casos, os mesmos ídolos podem permanecer em gerações distintas, sendo cultuados através de trilhas sonoras, vestimentas, livros, histórias em quadrinhos ou filmes. Embora a presença dos novos meios de comunicação e os avanços da tecnologia levem à reelaboração ou à atualização de conceitos e valores, ironicamente, alguns grupos de

---

40 Raymond Williams, *Marxismo e Literatura*. São Paulo: Zahar, 1979, p. 125.
41 Claude Lévi-Strauss, *O pensamento selvagem, op. cit.*, p. 31.

jovens ainda fazem valer o refrão da música *Como nossos pais*, de Belchior[42], cantor/compositor que se proclamava como "apenas um rapaz latino-americano": "E apesar de termos feito tudo o que fizemos/ ainda somos os mesmos e vivemos/ como os nossos pais".

A transgressão do herói

Como em geral o herói é o protagonista da obra tipicamente guiado por ideais altruístas, seu campo potencial de ação implica a detenção de valores necessários para superar as provações vindouras. Segundo Campbell, o âmbito de ação não é o transcendente, e sim o aqui e agora – na esfera do tempo –, o âmbito do bem e do mal, e também do masculino e do feminino, do certo e do errado, disso e daquilo, da luz e da treva. Tudo na esfera do tempo é dual[43]. Com a influência de seus *heróis* – individualmente construídos ou incutidos por terceiros – e suas diversas faces, a passagem da infância para a maturidade exige uma aventura de conhecimento composta de provas e façanhas que podem dar origem a um vencedor ou, numa atitude fracassada, a um inevitável *anti-herói* habitante de submundos e portador de ousadia em favor pessoal. Para Carlos Ceia, o *anti-herói* é um

> termo que se opõe ao de *herói* numa dupla acepção: enquanto protagonista da história narrada ou encenada, o anti-herói reveste-se de qualidades opostas ao cânone axiológico positivo: a beleza, a força física e espiritual, a destreza, dinamismo e capacidade de intervenção, a liderança social, as virtudes morais. Uma vez que a avaliação do herói, feita pelo leitor/espectador, assume sempre aspectos subjetivos, pois no quadro da apreciação

---

42 Belchior, "Como nossos pais", *Alucinação* (CD), Polygram, 1976. A música foi regravada posteriormente pela cantora Elis Regina.
43 Joseph Campbell, *O poder do mito*, op. cit., p. 69.

humana das situações de vida e dos acontecimentos, a ambiguidade dos pontos de vista é uma constante que se inscreve no caráter dialético da condição humana, qualquer reação do protagonista é sempre suscetível de interpretações antagônicas. [...] No Renascimento, o romance picaresco ocupa lugar de primazia na configuração de um anti-herói, agora arvorado em um novo tipo de herói: baixa ascendência, fanfarrão, manhoso, mentiroso, valentão, trapaceiro, ladrão. [...] No século xx, personagens grotescas e rebeldes configuram uma visão deformada do mundo contemporâneo, contestada pelo herói (anti-herói) em obras como *Ulysses*, de James Joyce; O *L'Étranger* [*O estrangeiro*], de Albert Camus.[44]

Embora Cambpell veja o herói como alguém que, com uma proeza física ou espiritual, deu a própria vida por algo maior que ele mesmo, nas variantes da literatura clássica ou contemporânea e em algumas produções cinematográficas encontramos casos notáveis de indivíduos que, sem a menor vocação heroica, protagonizam atitudes exemplares do herói, ainda que involuntariamente, ou demonstram virtudes quase míticas para realizar façanhas de natureza egoísta, motivados pela busca de poder, por ganância ou mero individualismo. Tais circunstâncias não nos impedem de admirá-los como heróis, mas eles serão mais bem representados no arquétipo do *anti-herói*, que apresenta atitudes próprias do herói clássico, mas destituídas da essência da vocação heroica, ou tem motivações vazias, que não visam bem maior. A esse respeito, Morin afirma:

> A liberdade infra se exerce abaixo das leis, nos "submundos" das sociedades, junto aos vagabundos, ladrões, *gangsters*. Esse mundo da noite é, talvez, um dos mais significativos da cultura de massa. Porque o homem civilizado, regulamentado, burocratizado, o homem que obedece aos agentes, aos editais de interdição, aos "bata antes de entrar", aos "da parte de quem",

---

44 António Moniz, "Pós-modernismo", em: Carlos Ceia (org.), *E-dicionário de termos literários*, disponível em: <http://edtl.fcsh.unl.pt/ >, acesso em: 15 set. 2017.

se libera projetivamente na imagem daquele que ousa tomar dinheiro ou a mulher, que ousa matar, que ousa obedecer à sua própria violência.[45]

Desde épocas remotas, a imagem de heróis surge com características não convencionais, como o arqueiro inglês Robin Hood, considerado o *príncipe dos ladrões*, uma mistura de personagem mítico e real, que roubava dos ricos para dar aos pobres e vivia com seu bando na floresta de Sherwood nos tempos do rei Ricardo Coração de Leão, no século XVIII. Ele prezava a liberdade e lutava com uma arma comum, um arco inglês. Até hoje sua história domina o imaginário popular e foi objeto de diversas versões cinematográficas.

No âmbito das histórias infantis, muitas delas imortalizadas pelo cinema de animação, temos o exemplo de Pinóquio, criado pelo italiano Carlo Collodi. O boneco, esculpido pelo velho Geppeto de um tronco de pinheiro, sonha ser um menino de verdade, ter fama e dinheiro, mas no decorrer da história pratica atos pouco cordatos e repreensíveis, lançando mão de mentiras e trapaças. No entanto, ao final é redimido por suas boas ações. Sobre essa questão, Bruno Bettelheim afirma:

> Os contos de fadas amorais não mostram polarização ou justaposição de pessoas boas e más; pois estas histórias amorais servem a um propósito inteiramente outro. Tais contos ou figuras típicas como o "Gato de Botas", que arranja o sucesso do herói através da trapaça, e João, que rouba o tesouro do Gigante, constroem o personagem não pela promoção de escolhas entre o bem e o mal, mas dando à criança a esperança de que mesmo o mais medíocre pode ter sucesso na vida. Afinal, qual a utilidade de escolher tornar-se uma boa pessoa quando a gente se sente tão insignificante que teme nunca conseguir chegar a ser alguma coisa? A moralidade não é a saída nestes contos, mas antes a certeza de que uma pessoa pode ter

---

45 Edgar Morin, *Cultura de massas no século XX: o espírito do tempo*, op. cit., v. 1: Neurose, p. 112.

sucesso. Enfrentar a vida com uma crença na possibilidade de dominar as dificuldades ou com a expectativa de derrota constitui também um problema existencial muito importante.[46]

É importante destacar a existência de classificação de mais de um tipo de *anti-herói* – diferente do *vilão* –, que seria o antagonista do herói. O anti-herói pode ser visto como um herói repleto de aleivosias. Além daqueles que buscam satisfazer seus próprios interesses, como João Guilherme, em *Meu nome não é Johnny*, transgredindo normas de conduta para, independentemente dos meios, ao final alcançar a meta de obter prazer, existem também aqueles que sofrem desapontamentos reais em sua trajetória de vida, como Pixote, e assumem uma postura incorreta, mas, por algum motivo, persistem até atingir o possível ato heroico, no autossofrimento que chamamos de martírio. Em relação a esse desejo de superar infortúnios sociais e à falta de impulso para ações imediatas, como simples mortais, o fotógrafo Sebastião Salgado[47] afirma:

> Não sei o que é possível fazer. Mas acredito ser possível fazer alguma coisa, acredito que a humanidade tem condições de compreender, e mesmo de controlar, as forças políticas, econômicas e sociais que desencadeamos em todo o planeta. Podemos falar em "desgastes da compaixão" quando não há sinal de desgaste do consumo? Vamos ficar sem fazer nada diante da deterioração constante do nosso habitat tanto nas cidades como na natureza? Vamos ficar indiferentes ao ato de que os valores de nossos países, tanto ricos como pobres, aprofundam as divisões no interior de nossas sociedades? Não temos opção.[48]

---

46 Bruno Bettelheim, *A psicanálise dos contos de fadas*, op. cit., p. 18.
47 O fotógrafo brasileiro Sebastião Salgado é um dos repórteres fotográficos contemporâneos mais respeitados no mundo. Nasceu em Aimorés-MG. Nomeado Representante Especial da Unicef em 3 de abril de 2001, dedicou-se a fotografar as vidas dos deserdados do mundo.
48 Sebastião Salgado, *Êxodos*, São Paulo: Companhia das Letras, 2000, p. 5.

**seja marginal
seja herói**

Bandeira-poema,
de Hélio Oiticica,
1964.

As artes plásticas tiveram na produção do brasileiro Hélio Oiticica (1937-1980) um de seus representantes mais polêmicos e criativos. Em uma de suas obras de 1968, é vista uma bandeira com a imagem ao chão do bandido Manoel Moreira, o Cara de Cavalo, seu amigo, figura de notoriedade pública morta por policiais em 1964, "um anti-herói que morre sem ser lembrado". Ao lado da imagem, a inscrição: *Seja marginal, seja herói*. Com esse trabalho, o autor considera ter realizado um *momento ético* ao denunciar uma sociedade que *marginaliza e mata*. O termo Tropicália foi inspirado num projeto sobre o contexto das vanguardas da época, realizado por esse artista e exposto em 1967 no Rio de Janeiro.

Na área da telenovela brasileira, encontramos alguns exemplos de ruptura da hegemonia do melodrama, com alguns protagonistas caracterizados por seus comportamentos atípicos. É o caso de *Beto Rockfeller* (Bráulio Pedroso, 1968-1969), apresentado pela extinta TV Tupi. A trama realista foi considerada um marco no gênero por situar a telenovela no ambiente cultural da época, junto com o movimento tropicalista, que foi uma "síntese de cacos culturais de uma sociedade em mutação"[49]. Os diálogos formais foram substituídos por uma narrativa de cunho coloquial, repleta de gírias e alusões a fatos de jornais e revistas contemporâneos e apresentou o anti-herói pobretão Beto (Luiz Gustavo), cujo objetivo era vencer na vida sem fazer esforço algum. Ao contrário de coragem, suas façanhas estavam carregadas de mentiras e arrivismos, casos amorosos e infidelidades.

A telenovela *O astro*[50] (Janete Clair, 1977-1978), transmitida pela Rede Globo de Televisão, contou a saga de Herculano Quintanilha (Francisco Cuoco), que, traído por um amigo de trapaças no passado, teve de deixar a família e tentar a sorte na pele de um falso vidente em apresentações numa churrascaria. Após conhecer o rico herdeiro de um empresário, conquistou sua amizade e tempos depois o traiu em troca de favores. Na época, o sucesso da trama comoveu o Brasil com o mistério sobre o suspeito de um assassinato para cuja solução a autora encontrou inspiração nos jornais. A trama, de maneira original para os padrões, não teve um final feliz para o casal protagonista, culminando com o sucesso profissional do trambiqueiro.

Inspirada na peça *O berço do herói*, de Dias Gomes, a telenovela *Roque Santeiro* (Dias Gomes e Aguinaldo Silva, 1985-1986), também exibida pela Rede Globo, teve como centro da trama as façanhas de um coroinha, Roque Santeiro, conhecido por sua habilidade em modelar santos, que supostamente morreu ao enfrentar os capangas do bandido Navalhada. Foi santificado pelo povo e fez a cidade prosperar com sua fama de herói. Porém, tudo parece perder o sentido quando Roque ressurge e decide contar a todos que, na verdade, ele havia fugido da cidade.

---

49 Sobre esse período, cf. Fernão Ramos (org.), *História do cinema brasileiro*, São Paulo: Art, 1987.
50 Esta obra reestreou em julho de 2011, em nova versão adaptada como macrossérie por Euclides Nogueira e João Carneiro, tendo o ator Rodrigo Lombardi no papel-título, sendo também produzida e exibida pela Rede Globo no horário das 23 horas.

Mais recentemente, na mesma emissora, foi ao ar *Cobras & lagartos* (João Emanuel Carneiro, 2006), que também alcançou sucesso no horário das sete, com um protagonista com traços de anti-herói, o malandro Foguinho (Lázaro Ramos), que vivia cercado de pessoas que o tratavam com indiferença, inclusive a família e a amada, e, por uma confusão do destino, recebeu como herança a fortuna de um milionário no lugar de um amigo homônimo. Com todos à sua volta festejando o seu sucesso, o anti-herói relutou em contar a verdade e aproveitou-se da situação. A trama abordou o até então novo segmento de grandes consumos em lojas de luxo.

Jorgson Moraes Júnior ajuda a esclarecer algumas características do anti-herói:

> No senso comum, um dos significados mais recorrentes de "anti-herói" refere-se a alguém que tinha tudo para ser herói em um certo evento e não foi, frustrando uma ampla massa que depositava nessa figura grande expectativa de vitória. Este é o representante de herói que decepciona, e por isso é chamado de anti-herói. [...] Numa estrutura narrativa, os três elementos básicos da ordem dramática são: o protagonista, o antagonista e o coadjuvante. Pode-se tomar o anti-herói como uma combinação excêntrica dessa estrutura: o antagonista sendo o protagonista. Também não o é. [...] Anti-herói é o personagem que sugere uma organização irregular de constituintes pertencentes ao herói – como força física, coragem, abnegação – mas que distorce certos preceitos morais, éticos e ideológicos que estão enraizados na estrutura formal heroica de tal sorte que, ao aparecerem desse outro modo, causam estranhamento, mas, mesmo assim, transcendendo quando por ele vibramos, torcemos e sofremos. É por isso que ele, o anti-herói, é herói, e não vilão. Mesmo malformado, induz à realização do imaginário na especulação crítica a convenções sociais.[51]

---

51 Jorgson Ksam Smith Moraes Junior, *Herói decadente: a emergência histórica do anti-herói na literatura, no cinema e na TV*, op. cit., pp. 21-22.

Ao longo de sua história, o cinema brasileiro apresentou diferentes propostas estéticas e abordagens de conteúdos divergentes e/ou inovadores com diversas formas de protagonistas. As décadas de 1930, 1940 e 1950 configuram um longo ciclo de comédias populares conhecido como chanchada[52]. A Cinédia iniciou as produções, sendo substituída pelos estúdios da Atlântida nos anos 1940. Seus enredos traziam heróis cômicos (como Oscarito e Grande Otelo), românticos (personificados em Eliana e Anselmo Duarte) e malfeitores (tendo seu maior exemplo no trabalho do ator José Lewgoy). Carlos Manga foi um dos nomes de destaque nesse estilo na década de 1950, com produções como *Nem Sansão nem Dalila*[53] (1954) e *O homem do Sputnik* (1959). Outro bom exemplo dessa produção é o filme *Carnaval Atlântida* (1952), de José Carlos Burle, que apresenta a dupla de malandros interpretada por Grande Otelo e Colé. Segundo Ramos e Miranda,

> o típico herói da grande maioria dos filmes pode ser definido como uma pessoa simples ou o habitante da capital federal, ou um recém-chegado matuto do interior, recuperando certas origens rurais diante de uma realidade urbana repleta de entraves burocráticos. [...] O típico herói masculino da chanchada é um personagem liminar, que geralmente recusa-se a ocupar uma posição fixa na hierarquia da estrutura social. É um subtrabalhador marginal, trapaceiro, "virador", preocupado unicamente com o seu sustento imediato, transitando por narrativas que, com poucas exceções, envolviam sempre uma busca obsessiva por dinheiro, em geral ligada mais ao acaso do que a um esforço especial ou competência por parte do herói.[54]

---

52 Do italiano *cianciata*, discurso sem sentido, espécie de arremedo vulgar, argumento falso.
53 Segundo o crítico Jean-Claude Bernardet, essa paródia é um dos primeiros filmes explicitamente políticos feitos no Brasil.
54 Fernão Ramos; Luiz Felipe Miranda, *Enciclopédia do cinema brasileiro*, São Paulo: Editora do Senac, 2000, p. 118.

Em meados dos anos 1950, ganharam destaque produções independentes de filmes de orçamentos modestos, influenciados pelo neorrealismo italiano, como *Rio, 40 graus* (Nelson Pereira dos Santos, 1955) e *O grande momento* (Roberto Santos, 1958).

As décadas seguintes trabalharam com o herói politizado e o herói marginal. A produção do cinema novo abrangeu três períodos, entre 1960 e 1972. O caráter subalterno do brasileiro diante de formas opressoras expressa-se na ética do herói politizado de *Terra em transe* (Glauber Rocha, 1967), com o dilema do protagonista Paulo Martins (Jardel Filho) em optar entre a política e a poesia, o "cosmo sangrento e a alma pura", num desespero existencial em apelo à compaixão do espectador.

Em *São Paulo, Sociedade Anônima* (Luís Sérgio Person, 1965), observamos uma trama que retrata de maneira singular o fenômeno do crescimento urbano e a aceleração da industrialização nacional que afasta o Brasil de sua base agrária, enfatizando a sedimentação da burguesia. Assistimos ali ao drama do protagonista Paulo (Walmor Chagas), um jovem recém-formado, dividido entre amantes, que se casa por conveniência com Luciana (Eva Wilma) e trabalha sem grandes convicções na Volkswagen, durante o *boom* da indústria automobilística. Há similaridades entre a construção dos dois protagonistas, já que ambos esboçam seus conflitos internos em pensamentos e memórias com narrações em *off*, em paralelo com a realidade externa. Sobre esse filme, Amir Labaki resenha:

> A história do cinema brasileiro já reservou ao segundo longa de Luís Sérgio Person seu merecido lugar de destaque na filmografia de títulos essenciais. O frescor e a inventividade da narrativa, quatro décadas depois de sua filmagem, ainda surpreendem. A argúcia dos diálogos é ainda uma aula de cinedramaturgia pouco aprendida pelo cinema nacional. No papel central, o jovem funcionário da então nascente indústria automobilística, Walmor Chagas, em sua estreia no cinema, tem um desempenho de tamanho despojamento, de tão assustadora naturalidade, que transfere para diante das câmeras um ser-no-cinema de raros paralelos

de qualquer cinematografia. [...] Carlos é o maior de todos os anti-heróis de São Paulo. Como escreveu Almeida Salles no calor da hora, seu desespero é de "uma vítima do complexo econômico-social da urbe". Carlos corrompe-se, no trabalho e no amor, enfrentando uma engrenagem que o sufoca, condena e escraviza. Como Sísifo, está fadado a recomeçar, recomeçar, recomeçar sempre.[55]

O cinema brasileiro sempre teve relação estreita com a marginalidade através do experimento e da produção independente, com destaque para o cinema marginal ou *udigrudi*[56] (1968-1973), com filmes que influenciaram diversos autores com sua estética de *curtição* e *avacalhamento*, em resposta à nova situação política com a *estética do lixo*. O ponto de partida foi o filme *O bandido da luz vermelha* (Rogério Sganzerla, 1968), que incorpora o mundo industrial e os meios de comunicação, no qual o personagem principal (Paulo Villaça), um trágico anti-herói que circula por São Paulo, declara-se constantemente um *boçal*, realçando seu lado sórdido, mantendo certo nível de distância com o espectador. Segundo Fernão Ramos,

> Os dilemas de consciência altruístas, tão característicos do cinema novo, são substituídos no caso do cinema marginal por um individualismo mesquinho, onde as personagens patinam em desespero na poça e acabam por se afogar em meio à lama. No caso de *O bandido*, isto é patente: a identificação redentora é combatida por um personagem que se declara diversas vezes um "boçal" e que é construído de maneira a realçar o seu lado mais sórdido. A relação com o espectador não passa mais pela catarse através da compaixão, mas permanece a um certo nível de distância, onde a irritação com o representado, propositadamente disforme e abjeto, aparece como identificação possível.[57]

---

55 Amir Labaki, *Ilha deserta: filmes*, São Paulo: Publifolha, 2003, pp. 50-51.
56 Corruptela de *underground*, movimento norte-americano de contracultura nos anos 1960.
57 Fernão Ramos, *Cinema marginal (1968/1973): a representação em seu limite*, São

A produção marginal na Bahia apresenta o filme *Meteorango Kid, o herói intergalático* (André Luiz Oliveira, 1969), que conta a história de Lula, um jovem de classe média em descompasso com as perspectivas que a sociedade lhe oferece, que sai errante pelas ruas de Salvador e fica vulnerável a aventuras com seres fantásticos, super-heróis e discos voadores, como nas histórias em quadrinhos. No mesmo período, temos a produção *Orgia ou O homem que deu cria* (João Silvério Trevisan, 1970), com a trajetória de uma espécie de *playboy* do mundo ocidental que, após assassinar o pai, sai pelo mundo num cortejo, ao qual se agregam um preso fugitivo, um intelectual que é enforcado, um travesti, um anjo de asa quebrada, prostitutas, um cangaceiro, até chegarem à cidade grande. Curiosamente, o filme foi proibido pela censura e só veio a ser lançado em 1981.

Outro exemplar dessa vertente é o curta-metragem baiano *Superoutro* (Edgard Navarro, 1989). O personagem central é a figura tragicômica de um louco de rua (Bertrand Duarte), retrato de um anti-herói contemporâneo que tem como domínio as ruas da cidade de Salvador e reina soberano pelas mazelas cotidianas. Com sua imaginação desregrada e alucinada, ele tenta superar a realidade miserável que o cerca, contrária aos seus ideais. Apesar dos obstáculos e das vicissitudes que contrariam suas iniciativas e se mostram indiferentes ao seu intento, o herói mostra-se invencível e mantém-se fiel aos seus instintos, lançando-se a um voo soberano sobre sua cidade, em sua última e lunática façanha patriótica.

Chama a atenção, ainda, a história de *O grande mentecapto*, escrita por Fernando Sabino, em 1979, e levada para o cinema por Oswaldo Caldeiras em 1989. O filme conta as aventuras e desventuras de Geraldo Viramundo (Diogo Vilela), que, desde pequeno, tinha mania de querer mudar o mundo. Com isso, foi arranjando confusões até se internar num hospício em Barbacena. Mas continuou aprontando e liderou um movimento de loucos, mendigos e

---

Paulo: Brasiliense, 1987, p. 81.

prostitutas, como uma espécie de Dom Quixote que percorria Minas Gerais durante suas peripécias.

Na mitologia universal, destaca-se a figura do herói/anti-herói *trickster*[58], que tem sido investigada por antropólogos e estudiosos da cultura. Trata-se de um herói embusteiro, pregador de peças, que comete boas ou más ações, geralmente comportando-se de forma grosseira, como um bufão. Seus feitos positivos quase sempre são involuntários, já que seu comportamento se orienta por impulsos egoístas e antissociais. De caráter ambíguo, o *trickster* está presente tanto nos relatos míticos das sociedades indígenas quanto na produção literária e folclórica das formações sociais complexas.

> O imaginário coletivo lhes deu vida no interior dos mitos, de que P. Radin pode afirmar se prenderem "aos mais antigos modos de expressão humana". Um personagem genérico age, engendra e se transforma ora em deus, ora em herói, como em bufão; é o "Trickster" (trapaceiro), assim chamado pelos mitólogos anglo-saxões em lembrança de uma velha palavra francesa da mesma origem: "triche". Ele vai embrulhar tudo e focalizar tudo; os limites se apagam, as categorias se misturam, as regras e as obrigações perdem sua força. Os empreendimentos do herói podem fazer do mito o equivalente de uma sátira, de uma crítica irônica da sociedade e do tipo de homem que ela modela.[59]

O *trickster* é apresentado na forma humana ou animal e pode proporcionar o domínio do fogo, a fertilidade, o conhecimento das práticas de cura e das cerimônias sagradas, como pode ser também o responsável pelas transformações ambientais que tornaram o mundo habitável pelos

---

58 O primeiro a usar o termo *trickster* foi Daniel G. Brinton, em torno do final do século XIX, para descrever um personagem que aparece nas narrativas orais da maioria das nações nativas da América do Norte, embora esse termo genérico não exista nas línguas dessas nações.

59 Georges Balandier, *O poder em cena*, trad. de Luiz Tupy Caldas de Moura, Brasília: Editora Universidade de Brasília, 1982, p. 25.

humanos. Neste último caso, é mais conhecido como *transformer* (modalidade particular do *trickster*). O antropólogo alemão, naturalizado norte-americano, Franz Boas assinala que as já referidas qualidades de herói civilizador derivam, também aqui, de ações praticadas pelo *transformer* para satisfazer seus próprios desejos e necessidades, como *Macunaíma*.

A tradição da literatura espanhola deixa claro que não há caminhos explícitos para passar do grupo dos pobres para o dos ricos, a não ser a aventura do cavalheiro conquistador ou a sorte da minoria que consegue enriquecer por meios nem sempre tão limpos ou claros. Segundo González, o pícaro integrará ambas as aventuras, negando parodicamente uma para ser um desvio da outra. O romance *Memórias de um sargento de milícias* (1854), de Manuel Antônio de Almeida, pode ser visto como ponto de partida de uma fonte picaresca brasileira, que constitui uma estrutura marginal por incorporar uma linguagem das ruas, e rompe com os padrões românticos literários da época ao contar a história de Leonardo-Pataca, um vadio desde criança, avesso ao trabalho, que ama sua liberdade diante das característica da sociedade brasileira.

> O major Vidigal fora às nuvens com o caso: nunca um só garoto, a quem uma vez tivesse posto a mão, lhe havia podido escapar; e entretanto aquele lhe viera pôr sal na moleira; ofendê-lo em sua vaidade de bom comandante da polícia, e degradá-lo diante dos granadeiros. Quem pregava ao major Vidigal um logro, fosse qual fosse a sua natureza, ficava-lhe sob a proteção. E tinha-o consigo em todas as ocasiões. Se Leonardo não tivesse fugido, e arranjasse depois a soltura por qualquer meio, o Vidigal era até capaz, por fim de contas, de ser seu amigo; mas tendo-o deixado mal, tinha-o por seu inimigo irreconciliável enquanto não lhe desse desforra completa.[60]

De acordo com González, as mudanças no texto literário de Almeida

---

60 Manuel Antônio de Almeida, *Memórias de um sargento de milícias*, Rio de Janeiro: Instituto Nacional do Livro/MEC, 1969, p. 196.

devem-se ao fato de que ele "não tinha por que repetir ao pé da letra a fórmula clássica trezentos anos depois, fora da Espanha. Mas a sátira recupera a figura do anti-herói, mesmo que seja como pretexto para penetrar no arcabouço da sociedade"[61]. O texto inaugura uma característica que predominará nos malandros literários: a quebra do sistema maniqueísta da prosa picaresca. Segundo Flávio Kothe, "na leitura do romance picaresco é preciso discernir, no pícaro, a síndrome de forças contraditórias que nele encontram uma via de expressão, sem que elas apareçam claramente como tais"[62]. Sobre essa questão, Borelli discorre:

> O pícaro transmuta-se no malandro. Exibe-se inúmeras vezes como tratante, indivíduo pouco ético, que vive na busca permanente da aventura. Diferentemente dos típicos heróis aventureiros, jamais consegue efetivar o verdadeiro ato de heroísmo. Ainda que realize inúmeras prezas, mostra-se sempre como anti-herói. Herói às avessas, atrapalhado, pouco convincente; herói estranho, pois, na maioria das vezes, é originário de segmentos populares e alcança sucesso, conforme já mencionado, graças a artimanhas pouco heroicas fundadas na astúcia e inteligência.[63]

Na produção literária e audiovisual de Marcos Rey, é recorrente o diálogo com padrões da prosa picaresca e do gênero policial. Sobre a construção de seus personagens, o autor relata que cria figuras que não respondem pelo perfil heroico característico de outros modelos narrativos. Angelo Baldini, personagem de *Entre sem bater* (1961), é um indivíduo em processo de ascensão social, que prega a arte da recompensa sem muito esforço. Na obra *Malditos paulistas* (1980), o narrador Raul é um

---

[61] Mario M. González, *A saga do anti-herói: estudo sobre o romance picaresco espanhol e algumas de suas correspondências na literatura brasileira*, São Paulo: Nova Alexandria, 1994, p. 288.
[62] Flávio R. Kothe, *O herói*, São Paulo: Ática, 1980, p. 47.
[63] Silvia Helena Simões Borelli, *Ação, suspense, emoção: literatura e cultura de massa no Brasil*, op. cit., p. 207.

detetive que recorre à malandragem para atingir o objetivo de suas investigações. O narrador de *Memórias de um gigolô* (1968), que escreve suas memórias como Tumache, também corresponde à caricatura do tipo que não tem aptidão para o trabalho e defende seu ganha-pão com astúcia e sedução. O texto foi transformado em filme homônimo em 1970, dirigido por Alberto Pieralise e protagonizado por Claudio Cavalcanti. Em 1986, foi convertido em minissérie da TV Globo, sob a direção de Walter Avancini, tendo Lauro Corona no papel-título; em ambas as produções o narrador foi batizado de Mariano.

Encontramos uma nova dimensão do malandro elevada à categoria de símbolo em *Macunaíma, o herói sem nenhum caráter,* escrito por Mário de Andrade, que foi poeta, contista, romancista, crítico, musicólogo, folclorista, demostrando, principalmente como poeta, seu amor pelo país, explorado profundamente em viagens e pesquisas nacionais. O escritor nunca viajou para o estrangeiro, nem mesmo a convite de um grande amigo. Mário afirmou que vários de seus personagens foram inspirados em pessoas reais e que nenhum deles foi inventado por ele; todos existiram. O nome *Macunaíma* tem origem indígena e é composto pela palavra "maku", que significa mau, e pelo sufixo "ima", que significa grande, designando "aquele que trabalha durante a noite".

O ator Grande Otelo no filme *Macunaíma*.

Mário de Andrade escreveu *Macunaíma* em 1926, em Araraquara, interior de São Paulo, numa semana, deitado numa rede, entre um cigarro e outro. Trata-se de uma obra complexa, que marcou o início do modernismo no Brasil. É marcante nela a preocupação com a autenticidade, e a fantasia é dirigida, tem certa liberdade, mas não se afasta da realidade folclórica e polifônica brasileira. O personagem-título é uma condensação de todas as características nacionais.

Em 1969, o livro foi transposto para o cinema com direção de Joaquim Pedro de Andrade. O filme começa com o parto de Macunaíma, um herói preguiçoso. De tão preguiçoso, ele só começa a falar aos seis anos de idade. Na metade do filme, o protagonista, interpretado por Grande Otelo (num dos grandes momentos de sua carreira), muda de aparência e, nesse momento, passa a ser interpretado pelo ator Paulo José.

> Em *Macunaíma*, retoma-se o fundamental do gênero: um anti-herói, socialmente marginalizado, protagoniza uma série de aventuras dentro de certo projeto pessoal; por meio delas, a sociedade – e particularmente seus mecanismos de ascensão social – são satiricamente denunciados, já que a trapaça continua a ser um caminho para evitar ser aniquilado e poder "subir". A grande novidade, sem dúvida, está na incorporação, em todas as histórias desses novos pícaros, de uma ou de outra maneira, de um projeto social alternativo, mesmo que estes pícaros-quixotes acabem derrotados como Macunaíma. Este, contagiado pela ideologia da cidade grande, é incapaz de assumir sua rejeição aos valores do colonizador. Assim, une-se a uma portuguesa e ofende Vei, o Sol, e, por isso, será destruído quando, ao se jogar sobre uma Uiara europeizada, deparar-se com a realidade nacional das piranhas. A posterior transformação de Macunaíma em constelação celeste tem um sentido prolongador do Ito: ele vira a Ursa Maior, que inclui a Estrela Polar, a luz que guia. E, de sua síntese de pícaro e Quixote, nasce o rumo da utopia possível para todos nós.[64]

---

[64] Mario M. González, *A saga do anti-herói: estudo sobre o romance picaresco espanhol e algumas de suas correspondências na literatura brasileira*, op. cit., p. 314.

Ao evocar a missão de pôr na tela um personagem emblemático – Pixote, um misto de herói, sobrevivente e marginal, que trafega numa linha de autodefesa e de busca de sentido de vida nas lentes de uma produção que atingiu um ápice estético e de denúncia social –, o cineasta Hector Babenco desabafa em entrevista concedida na época de seu lançamento:

> "Ah, seus filmes são sempre sobre marginais, você só pensa em marginais..." Eu não consigo pensar em outro tipo de pessoas. E penso que a raiz de tudo isso está um pouco em mim – em termos conceituais e não em termos de vivência. Em termos conceituais, eu acho que isso vem de uma postergação muito grande, de anos e anos de você querer dizer as coisas e não encontrar como dizê-las. Seja por pressão social, seja por falta de condições, seja por sacanagem, pelo que for. Eu sinto que, de alguma forma, o meu interesse é de falar constantemente de personagens que têm e que carregam esta mágoa, essa dor dentro de si, esse desespero.[65]

O filme *Meu nome não é Johnny*, por sua vez, acerta ao ampliar a dimensão do caráter de seu protagonista e de suas vicissitudes, alternando a posição do malandro – um João Guilherme que envereda por atividades ilícitas em prol do seu próprio prazer – com a de um indivíduo sensível e sedutor que gosta de música de qualidade, é envolvido em laços familiares e não se intimida em se declarar apaixonado. Em trecho do livro que inspirou a produção da película, Fiúza descreve um dos momentos do protagonista:

> Existem os picaretas metódicos, desses que conseguem ser Caxias dentro das regras da delinquência, mas nem isso ele era. Se há gente que Deus já põe no mundo com cara de traidor ali estava um exemplar típico – e já haviam

---

65 Hector Babenco [1980], Rio de Janeiro: *Revista de Cinema*, n. 5, entrevista concedida a Sylvia Bahiense Naves, Carlos Roberto de Souza e Cláudio Roberto Poles.

avisado a João que, no caso de Ernesto, as aparências não enganavam. Por isso é que o encontro ia ser na rua, e João já estava em cima da hora. Tinha perdido um pouco a noção do tempo na deliciosa aula de violão com André, seu professor e irmão mais novo. Como músico, João sempre foi do tipo força cega, um cantor instintivo sempre em dívida com a técnica instrumental. André, um virtuoso da prática e da teoria musical, ajudava-o a abater essa dívida. Os dois formavam uma química fértil (se eles fossem os Beatles, seria o encaixe entre o talento rude de John Lennon e a perícia cirúrgica de George Harrison, origem de sonoridades imortais do pop). João e André já tinham levado aquela química várias vezes ao palco, mas entre quatro paredes ela também funcionava – às vezes até melhor. O problema é que Ernesto, aquela figura estranha, já devia estar quase chegando ao ponto de encontro. João acordou do transe musical e cumpriu em cinco minutos o trajeto de pouco mais de um quilômetro entre a casa do irmão, em Laranjeiras, e a boca do Túnel Rebouças.[66]

O desafio dos novos heróis contemporâneos é tentar desvendar outras formas de posturas sociais que abarquem seus anseios. Estão insatisfeitos com a habitação precária e não pagam o aluguel; enfastiam-se com as distâncias que precisam percorrer em lotações e burlam a catraca; calejam-se com o seu subemprego e faltam ao serviço; rebelam-se com a ditadura da cara de felicidade constante e andam de máscara. Esses combatentes intransigentes, à sua maneira um tanto malandra, fogem da inércia, não recuam diante das imposições do sistema indiferente, as quais compõem desafios sociais, e partem com bravura em busca de escrever, ainda que tortuosamente, a sua própria história. Os emergentes heróis, em meio a bravatas, também não se envergonham de manter uma inesperada ternura e o *jogo de cintura*, mesmo diante da insatisfação predestinada.

---

66 Guilherme Fiúza, *Meu nome não é Johnny*, Rio de Janeiro: Record, 2007, p. 44.

capítulo 3

Pixote:
o fraco
desafia
a lei

> A vida é feita de atitudes nem sempre decentes
> Não lhe julgam pela razão, mas pelos seus antecedentes
> É quando eu volto a me lembrar do que eu pensava nem ter feito
> Vem, me traz aquela paz
>
> CHARLIE BROWN JR.

Ao longo da história e de suas representações – entre formas de comunicação, questionamento e entretenimento – são várias as observações sobre o embate entre os indivíduos e as sociedades. Segundo Norbert Elias, "esta relação não se estabelece de uma vez por todas, mas está sujeita a transformações muito específicas"[1]. Em meados da década de 1950, começou a surgir no Brasil uma preocupação com a identidade nacional inspirada no neorrealismo italiano[2]. Com o cinema novo, em que valia o lema "uma câmera na mão e uma ideia na cabeça", os cineastas dos anos 1960 propuseram a realização de filmes de autor, de baixo custo e tendo como base a cultura brasileira e os dilemas sociais centrados na temática rural, iniciada com *Vidas secas* (Nelson Pereira dos Santos, 1963).

Após o golpe de 1964, a produção cinematográfica assumiu como tema a classe média urbana, em filmes como *A grande cidade* (Carlos Diegues, 1966) e *A falecida* (Leon Hirszman, 1965). Com *Terra em*

---

1 Norbert Elias, *A sociedade dos indivíduos*, Rio de Janeiro: Zahar, 1994, p. 9.
2 Esse cinema nasceu no final da Segunda Guerra Mundial, em 1945, com *Roma, cidade aberta*, de Roberto Rossellini. Os filmes neorrealistas tentaram denunciar o atraso social em que vivia a Itália na época, demonstrando uma clara postura ético-humanista. Cf. Mariarosaria Fabris, *O neo-realismo cinematográfico italiano: uma leitura*, São Paulo: Edusp; Fapesp, 1996.

transe (Glauber Rocha, 1967), o cinema passou a assumir formas alegóricas para contornar a censura do regime militar. Glauber Rocha, consagrado com o filme *Deus e o diabo na terra do sol* (1964), escreveu e publicou o manifesto *Uma estética da fome* (1965), influenciado pelo neorrealismo italiano e pela Nouvelle Vague[3].

Em alguns movimentos artísticos, principalmente no cinema, com o neorrealismo, observa-se uma busca de inspiração na realidade, dissimulando a intermediação, mas as tradições ideológicas e culturais estão constantemente presentes nessa produção. Para Stam e Shohat, representar é uma delegação de vozes, determinada pelas estruturas subjacentes aos elementos produtores das representações:

> Em vez de refletir diretamente o real, ou mesmo refratar o real, o discurso artístico constitui a refração de uma refração, ou seja, uma versão mediada de um mundo socioideológico que já é texto e discurso. [...] a questão, portanto, não é a fidelidade a uma verdade ou realidade preexistente, mas a orquestração de discursos ideológicos e perspectivas coletivas.[4]

Apesar de ser influenciado, em seus primeiros filmes, por uma preocupação de cunho social, em voga na época, numa associação ao movimento cinemanovista – que abrangeu produções com cotas cooperativadas, filmagens nas ruas e abordagem *realista* do universo popular –, Hector Babenco, cineasta argentino naturalizado brasileiro, tem uma produção que se distancia desse movimento pela sua forma narrativa de estilo clássico, em busca de emoção, acentuando as cores,

---

3 Movimento surgido na França (1958-1964), cujos integrantes escreviam críticas de cinema para a revista *Cahiers du Cinéma* e não tinham experiência prática na realização de filmes, apesar de envolvidos com a teoria. Os principais expoentes desse movimento foram os hoje consagrados diretores François Truffaut, Jean-Luc Godard, Claude Chabrol, Éric Rohmer e Jacques Rivette. Surgiu em oposição ao cinema dominado pela indústria e pregava a simplificação na produção dos filmes.
4 Robert Stam; Ella Shohat, *Crítica da imagem eurocêntrica: multiculturalismo e representação*, São Paulo: Cosac Naify, 2006, pp. 264-265.

como em *Pixote*, que apresenta várias cenas noturnas, diálogos densos e planos longos. Assemelha-se, em especial, com *Rio, 40 graus* (Nelson Pereira dos Santos, 1955), uma realização corajosa para a época, até então submetida à censura política. O filme apresenta uma imagem negativa de políticos e é narrado em linguagem popularesca, repleta de gírias. Inicia-se com uma vista panorâmica do Rio de Janeiro, mostrando suas belas imagens até chegar às favelas, evidenciando o grande contraste social da cidade. A ação se desenvolve num dia de domingo ensolarado em que cinco meninos pobres, excluídos dos chamados centros urbanos desenvolvidos, tentam vender amendoim pelas praias e arredores. Sobre esses menores rejeitados por um meio aparentemente superior, presentes também em seu filme, Babenco discorre:

> Eu acho que não há maior tristeza, não há maior desencanto do que você não ver chegar o momento em que você pode dizer quem você é. Eu sinto que a necessidade de expansão, a defasagem entre o querer e o poder é uma das coisas que mais doem nas pessoas, que mais magoam. E de alguma maneira, se você analisa, tanto o "Lúcio Flávio" como "Pixote" são filmes que fazem decorrer a violência exatamente a partir do conflito entre "eu quero" e o "eu não lhe dou, você não merece". O "Pixote" é isso: é o lado instintivo que a criança tem, não reprimido ainda, pois no momento que ela começa a reprimi-lo ela passa da infância para o estado mais adulto, que é o que se vê no final do filme. Quando ele é rejeitado, ele já não é mais uma criança – já é um adulto, certo? Eu sinto que o Pixote é uma criança com aquela força instintiva de querer, de procurar o seu espaço, de procurar sua forma de ser alguém, de existir, e o meio constantemente o rejeitando. É dessa relação que decorre o ato de violência, decorre o ato de delinquir, o desencontro, a degradação.[5]

---

5 Trecho de entrevista gravada em 17 de setembro de 1980, publicada na revista da Fundação para Desenvolvimento da Educação, organizada por Fernão Ramos e Celso Ferreti, 1990.

Seu primeiro filme é o documentário *O fabuloso Fittipaldi* (1973), em parceria com Roberto Farias. Ainda na década de 1970, realiza *O rei da noite* (1975), que retrata a São Paulo dos anos 1920 na história do boêmio Tezinho, sustentado por uma cantora de cabaré, interpretados pelos atores Paulo José e Marília Pêra. Dirige também *Lúcio Flávio, o passageiro da agonia* (1977), filme de grande repercussão nacional, protagonizado por Reginaldo Faria. No filme *Pixote: a lei do mais fraco*, bem recebido pelo público e pela crítica, além de obter reconhecimento internacional, Babenco privilegia um enfoque social de denúncia das formas de exclusão social dos menores de rua, vítimas de um projeto falho da nação, e procura deslindar a relação destes com seu entorno. Em 1985, em parceria com uma produtora estadunidense, realiza *O beijo da mulher aranha*[6], baseado na obra do escritor argentino Manuel Puig, com Sonia Braga e os atores estrangeiros William Hurt (que ganhou o Oscar de melhor ator com esse filme) e Raul Julia. Em 1987, volta a filmar internacionalmente, com Meryl Streep e Jack Nicholson, realizando o drama *Ironweed*[7].

Seguem-se as produções *Brincando nos campos do Senhor* (1990), com Tom Berenger e Kathy Bates, e o autobiográfico *Coração iluminado* (1998), em que relata reminiscências de sua adolescência, com a atriz Xuxa Lopes – então sua esposa. Em 2003, realiza *Carandiru,* uma superprodução para os padrões brasileiros, baseado em livro do médico Dráuzio Varela, no qual reencontra o clima de denúncia de mazelas sociais presente em suas primeiras obras, expondo a situação de detentos num presídio paulistano. Seu filme *O passado* (*El pasado*, 2007) foi realizado em coprodução com a Argentina e contou com a

---

6 Oscar de melhor ator para William Hurt e indicações de direção, filme e roteiro adaptado. Curiosamente, o papel interpretado por Hurt foi oferecido ao ator Burt Lancaster, que iniciou o projeto, mas não teve condição de fazê-lo na época.

7 Infelizmente, a distribuidora brasileira não conseguiu negociar os direitos de lançamento em DVD da produção. Nos Estados Unidos, o filme foi distribuído pela TriStar, estúdio integrante da Columbia Pictures (hoje pertencente à *holding* Sony Pictures).

participação do ator Paulo Autran e do mexicano Gael García Bernal. Babenco dirigiu ainda "O homem que roubou um pato", segmento do longa-metragem *Words with Gods* (*Conversas com deuses*, 2014), ao lado de alguns dos diretores mais celebrados do cinema mundial, como Amos Gitai, Emir Kusturica e Mira Hair. Seu último filme, *Meu amigo hindu* (2015), lançado um ano antes de sua morte em 2016, tem fortes nuanças autobiográficas, na medida em que o personagem principal, interpretado por Willem Dafoe, é um diretor de cinema próximo da morte.

Em entrevista a Lúcia Nagib, Babenco discorre sobre sua ligação com o cinema:

> Na minha própria trajetória, nunca tive um discurso. Incomodavam-me tremendamente esses cineastas que concebiam a existência do filme como ilustração de uma plataforma política ou estética. Sempre considerei isso uma bengala, me limitava. Sempre me orgulhei de não ter camiseta de time nenhum. É muito solitário e complicado, é mais fácil vestir uma camiseta. A do Glauber Rocha, por exemplo, é ótima. Quem pode dizer alguma coisa contra o cinema novo? Pela sua pujança, procura estética, coragem, por tudo. Agora, no cinema novo há um monte de filmes ruins ao lado de verdadeiras joias [...]. O que pode distinguir os filmes de tudo o que se produz hoje em dia no setor audiovisual é a capacidade de ser genuíno, de ter uma têmpera. Como lido com histórias que estão perto do emotivo, fico sempre me policiando para que em nenhum momento possa descambar para o apelo emocional. *Pixote, a lei do mais fraco*, por exemplo, tinha tudo para ser um corolário de momentos piegas, mas não tem um sequer em todo o filme. E isso era o que eu mais vigiava durante a produção.[8]

---

8 Babenco *apud* Lúcia Nagib, *O cinema da retomada: depoimentos de 90 cineastas dos anos 90*, op. cit., pp. 79-80.

O vaticínio da cidade: melodrama, ação e aventura

Nas primeiras tomadas de *Pixote*, vê-se o fim de uma batida policial e a *triagem* de meninos para a internação num reformatório. São apresentados os moleques que conduzirão os conflitos no decorrer das cenas: Pixote (Fernando Ramos da Silva), Lilica (Jorge Julião), Dito (Gilberto Moura), Fumaça (Edilson Lino), Diego (José Nilson dos Santos) e Chico (Zenildo Oliveira Santos). Todos com estupendo desempenho, seguindo uma linha naturalista, com intensa verdade em cena. Os outros personagens, ligados ao poder das instituições sociais, seguem um caráter asséptico, beiram o artificial, e podem ser mais que uma mera coincidência com o real, favorecendo um retrato intencional dos poderes vigentes. O contato externo com outros marginais adultos infunde novo vigor ao filme, com cenas de aventura e novas provas ao protagonista, através do contato com os bandidos urbanos Cristal (Tony Tornado) e Débora (Elke Maravilha) ou com a prostituta Sueli – representação destacada por Marília Pêra[9] – e suas *vítimas* no suadouro[10]. Direta ou indiretamente, a produção lida com os gêneros policial, de ação, aventura, drama, melodrama e, por que não?, romance, se considerarmos os idílios conflituosos de Lilica.

Os embates sociais em prol de direitos e liberdades, questionando a relação entre teoria e prática, aconteceram no Brasil principalmente a partir dos anos 1960. Segundo Wanderley, as ações desses movimentos deram novas dimensões ao conceito de cidadania, até então relegado ao compadrio e a obras assistencialistas.

Se formos verificar a situação do povo brasileiro, desde a época da colonização até os dias de hoje, ressalta um quadro em que as maiorias não

---

9 A atriz Marília Pêra recebeu premiação da Sociedade de Críticos de Cinema dos Estados Unidos por seu trabalho no filme.
10 Golpe em que a prostituta leva o cliente a certo lugar para roubá-lo.

alcançaram a cidadania. [...] Grandes contingentes ou a totalidade dos índios, dos negros, das mulheres, dos analfabetos, dos camponeses, dos operários, dos pobres, dos desempregados, dos excluídos, dos marginalizados não tiveram acesso à cidadania. Outros segmentos sociais, alguns grupos que perpassam todas as classes sociais, também se tornam descidadãos ou anticidadãos em função de outros processos: os corruptores e corruptos, os violentos, os que ferem as leis do trânsito, os sonegadores e assim por diante. E mesmo dentre os reduzidos contingentes de indivíduos que adquiriram o *status* de cidadão, grupos limitados chegam à cidadania plena.[11]

Hector Babenco já havia transposto para a tela, com destaque, o universo do submundo em outra produção, *Lúcio Flávio* (1977), também baseada em livro de José Louzeiro. O filme trata de uma organização dos anos 1960 batizada pela crônica policial brasileira de Esquadrão da Morte, que passa a combater o crime à margem da lei. Lúcio Flávio (interpretado por Reginaldo Farias) está entre os personagens e episódios que marcaram a época. Caracterizado como *filme de ação*, o desenvolvimento da narrativa abrange assaltos e mostra o passar da vida por um fio, mas também destaca o tratamento a um herói marginal, transgressor, violento, franco, corajoso e de *boa natureza*, que luta pela sua sobrevivência, reagindo às injustiças de que foi vítima. Mas é com *Pixote* que o diretor atinge o mais alto grau de cumplicidade na relação personagem/espectador e prestígio internacional. Sobre esse filme, Ismail Xavier afirma:

> A oposição central do filme é entre Autenticidade e Hipocrisia. A verdade de cada um aloja-se em seu núcleo privado, na intimidade que a ação e o discurso público deixam de lado: essa é a noção que alimenta

---

11 Luiz Eduardo Wanderley, *Educação popular: metamorfoses e veredas*, São Paulo: Cortez, 2010, p. 109.

a celebração do herói. Como na tradição naturalista, o essencial é a dicotomia público/privado que elege a "verdade interior" do indivíduo como fonte maior do sentido, chave de interpretação de sua ação social efetiva. Lembrando o melodrama convencional, ao contrário de se trabalhar o contexto, indo mais fundo na iluminação de uma certa lógica do social, acentua-se a virtude do herói como sentimento natural, "boa índole" que, presente, resistente, permanece ao longo do filme associada aos valores tradicionais da família.[12]

Qual o sentido da trajetória de um jovem, desamparado em seu meio geográfico, num caminho de desagravos sociais diante de uma sociedade hedonista que finge não o enxergar? Em 1937, Jorge Amado publicou o livro *Capitães da areia*[13], que causou polêmica aos olhos das autoridades vigentes. Nele pregava sutilmente a liberdade de religião e denunciava problemas sociais brasileiros, na sociedade baiana dos anos 1930, como os maus-tratos em reformatórios e a precariedade da educação, que atingiam principalmente crianças e adolescentes erradicados do convívio social. Através do retrato das peripécias de um grupo de meninos pelas ruas de Salvador – os capitães da areia –, vemos o desenrolar do cotidiano de jovens aventureiros educados pela rua, que vivem de apropriações indevidas, pequenos golpes e roubam dos ricos para dividir entre os companheiros pobres. São liderados por Pedro Bala, que, com 15 anos de idade, organiza as ações e assume a função de herói transgressor com direito a uma paixão trágica pela jovem Dora, única integrante feminina do grupo.

A história foi transposta para o cinema pelo americano Hall Bartlett. O filme foi lançado em 1971 com o título de *The Sandpits Generals* (inédito no Brasil), tendo a participação de Eliana Pittman

---

12 Ismail Xavier, *O olhar e a cena*, op. cit., p. 135.
13 Jorge Amado, *Capitães da areia*, São Paulo: Companhia das Letras, 2008.

e Dorival Caymmi. Ganhou uma segunda versão pela neta do autor, Cecília Amado, em 2011, com garotos/protagonistas que foram escolhidos em ONGs de Salvador e que, curiosamente, tiveram experiências de vida parecidas com as dos personagens. *Capitães da areia* foi também exibido em formato de minissérie, em dez capítulos, pela TV Bandeirantes, em 1989, com adaptação de José Louzeiro (autor do livro inspirador de *Pixote*) e Antonio Carlos Fontoura.

No filme *Pixote*, não há como não se envolver com a saga de um garoto, quase adolescente, que começa seu sofrimento ao ser internado numa instituição de recuperação de menores – onde se pode observar, de forma degradante, a falência das relações humanas, forjadas em hipocrisias –, de onde sai para se perder entre as ruas de uma metrópole que não favorece tentativas de gregarismos aos menos favorecidos. O protagonista age como um nômade pela cidade e faz lembrar o pensamento de Benjamin: "Saber orientar-se numa cidade não significa muito. No entanto, perder-se numa cidade, como alguém se perde numa floresta, requer instrução"[14].

Na primeira parte do filme, no internato, o protagonista chega a receber algumas visitas de seu avô, a quem pede que o retire de lá, mas este, ironicamente, acredita que, mantendo-o ali, o protegeria do *mundo lá fora*. Com terríveis carências, alguns sonhos e ressentimentos demonstrados implicitamente, Pixote foge do espaço disciplinar do reformatório na primeira oportunidade e lança-se ao mundo do asfalto, que o seduz e o corrompe. Instaura-se uma nova perdição: iludido pela fauna urbana, entre traficantes, prostitutas e toda uma rede de submundo, o protagonista sucumbe ao meio e sofre uma sucessão de infortúnios. Assistimos, assim, aos limites e preconceitos que evocam a impossibilidade de saída, através de diversas formas de ultrajes que corroboram o cotidiano de uma metrópole indiferente aos apelos de

---

14 Walter Benjamin, *Obras escolhidas II: Rua de mão única*, São Paulo: Brasiliense, 1987, p. 73.

jovens destinados a um não lugar social, projetando-se, ironicamente, esse drama na realidade futura[15].

Pixote: a lei do mais fraco, como vimos, é inspirado no livro *Infância dos mortos*, de José Louzeiro, e conta a história de um grupo de meninos que vivem na rua, com idades entre 10 e 14 anos, e se aproximam numa instituição correcional (Febem) de São Paulo. Eles testemunham e sofrem na pele a violência dos guardas do reformatório e a agressividade dos próprios companheiros de confinamento, entre torturas e humilhações, que chegam a assassinatos. O livro traz diálogos secos entre *pivetes, moleques, trombadinhas, aviõezinhos*, em luta pela sobrevivência nas ruas de São Paulo. Uma sensação de finitude e niilismo contrasta com o desejo contido de "sartar fora" e tentar uma saída para não se sabe onde, como no diálogo a seguir:

– Tatu Bola e o Pará. Tão espalhando que tu deu uma de esperto no lance da padaria, tá lembrado?

– Mentira. Dividi o que se recolheu numa boa. Tu levou tua parte legal ou não levou?

– Não tô reclamando por mim. Tatu é que anda pê da vida contigo, até mais que Pará.

– Já sei. O velhote da padaria deve ter identificado o sem-vergonha. E sabe por quê? Mandei tapar a cara com a camisa, não acreditou. A gente não tava com as *máscara* de meia? Por que não fez igual?

– Tu foi no ponto, cara. Uma turma do Juizado segurou o otário. Saiu até foto no jornal. Também agarraram Mafuá, Catuca e Jacaré, que não tinha nada a ver com nada. Mas o velhote se enrolou todo na hora de dizer é esse

---

15 Seria apenas mais uma nefasta fábula, se o ator/protagonista, Fernando Ramos da Silva, poucos anos após as filmagens, não se envolvesse numa trama real. No filme de Babenco, Pixote é o único sobrevivente de seu grupo. Envolvidos com a criminalidade, seus jovens companheiros acabaram mortos. Na vida real, foi Fernando quem viveu uma história trágica. O garoto de Diadema, que morava com a mãe e nove irmãos, foi morto pela polícia; aos 19 anos, recebeu oito tiros à queima-roupa, por ser suspeito de um assalto. Deixou mulher e uma filha.

ou aquele. E sabe por quê? Uma semana antes, numa tremenda cagada, Tatu tinha cortado o cabelo com máquina zero. Nem a mãezinha dele ia reconhecer, quanto mais! – disse Zé Inácio passando a latinha de cola ao parceiro.

– Por essa e por outras *tanta* – queixou-se Dito – é que tô querendo *sartar* fora da rua.[16]

Não deixa de ser intrigante a cena do filme em que Pixote limpa o banheiro coletivo com a perna engessada e, diante de uma privada imunda, num misto de repúdio e beleza, delira após cheirar *cola*, vendo uma dança de escovas de dentes e sua inquietante fuga imaginária perseguida por camburões luminosos, que motivou um dos cartazes do filme. Sobre a inspiração para escrever a história original, José Louzeiro argumenta no prefácio de uma edição posterior ao filme:

> Em um domingo de outubro de 73, o telefone tocou na redação da *Folha*. Uma senhora falava de Camanducaia, município mineiro que faz fronteira com São Paulo, a uns 140 km do jornal. A informante dizia que dezenas de meninos de rua, nus, espancados, alguns com braços quebrados, lotavam a delegacia local. [...] Na delegacia encontrei 52 garotos, de um lote de 1.000, que a polícia paulista havia *jogado fora*. A desova deu-se em um despenhadeiro de uns 40 metros ou mais (sou péssimo nesses cálculos), durante a madrugada, debaixo de chuva, temperatura oscilando entre 8 e 10 graus. Os trombadinhas foram levados até lá de ônibus. O *carregamento* era o primeiro de uma série, até o centro de São Paulo ficar limpo de pivetinhos. [...] Nesse tempo, é bom lembrar, o problema do menino de rua ainda não preocupava e eu não passava de um maluco, com mania de apontar desmandos da sociedade que se sentia muito bem, obrigado, *levando vantagem*, como diria o craque Gerson, à sombra dos ditadores.[17]

---

16 José Louzeiro, *Infância dos mortos*, op. cit., p. 169.
17 *Ibidem*, pp. 8-12.

Num deslize da vigilância da instituição, os garotos fogem por uma janela, dando início a uma nova etapa do filme e deixando para trás a primeira leva de infortúnios – ao se despedirem do companheiro Roberto Pé de Lata ou Roberto Carlos dos Pobres, assim chamado por bancar o sósia do cantor em eventos do internato, que assume não ter condições para o risco. Passam então a sobreviver de pequenos furtos, como batedores de carteiras, até desembocarem em crimes de maior gravidade e desfechos trágicos para quase todos os integrantes do bando. Primeiramente, envolvem-se com um conhecido de Lilica, o traficante de drogas Cristal, que os encarrega de fazer uma entrega de cocaína, no Rio de Janeiro, para Débora, artista de uma boate. O trajeto dos jovens de trem e o primeiro contato com o mar proporcionam luminosidade ao filme e inspiram novas bravatas aos aventureiros.

Após uma confusão durante a transação com a droga, que culmina com a morte de Chico, eles terminam por roubar dinheiro e retornam a São Paulo, onde se tornam cafetões da prostituta Sueli, cujos clientes também passam a ser assaltados por eles. Pixote, o mais jovem da gangue, passa a estabelecer um vínculo de proteção com Sueli, que acaba tendo um caso com Dito, provocando indisfarçadas reações de ciúme em Lilica. Um dos feitos do filme é converter o grupo de protagonistas em porta-vozes e representantes do campo de ação de uma pluralidade humana refém da falta de oportunidade social, sujeita ao acaso do destino.

O talento do diretor manifesta-se na economia narrativa, no extremo realismo e nos diálogos envolventes, aliados a uma bela fotografia (de Rodolfo Sanches) e à trilha sonora especialmente composta pelo maestro John Neschling, que pontua os momentos dramáticos com precisa delicadeza, afirmando o poder da música de ampliar a emoção. O filme *Pixote* constitui uma representação perturbadora da realidade da época, com abordagem enxuta, fugindo da armadilha do maniqueísmo e do estereótipo tão peculiar a filmes do gênero, além de apresentar o uso acertado do melodrama em busca de uma catarse, levando o espectador a se identificar com o que se passa na tela.

Pixote admira a imagem de Nossa Senhora no pátio do reformatório.

Etimologicamente, melodrama significa canto com música, ao passo que drama está relacionado, no sentido aristotélico, à ação. [...] A enorme quantidade e variedade de ações caracteriza o melodrama, e seus personagens arquetípicos são produto das mesmas. A relação ação/personagem é que explicitará a ideia proposta pela história contada. A construção arquetípica dos personagens é uma característica da produção cultural, pois é através deles que se imprime, com absoluta clareza, a moral social, articuladora fundamental de tal produção.[18]

Além de aspectos referentes a questões dos jovens infratores, a produção alude a fatos sempre atuais, como as cenas de barbárie na televisão (assistidas pelos internos no refeitório), as brincadeiras violentas

---

18 Silvia Oroz, *Melodrama: o cinema de lágrimas da América Latina*, op. cit., p. 32.

(a simulação de assalto ao banco pelos menores durante recreação no pátio), o tráfico de drogas, o homossexualismo e um tênue misticismo, que está presente, por exemplo, na cena noturna em que Pixote e seu companheiro Fumaça, no frio, olham demoradamente para a imagem de Nossa Senhora, ou quando, já nas ruas, Pixote assiste curioso à pregação de pastores.

Inúmeras passagens do filme buscam a cumplicidade emocional do espectador, como na cena em que o personagem Lilica canta a música "Força estranha", com tocante sensibilidade. Além de menino de rua, o personagem é homossexual e, estando prestes a completar a maioridade, encara com ceticismo o seu futuro social. Também é antológica a cena da prostituta Sueli amamentando Pixote – em imagem associada à *Pietà* de Michelangelo –, seu inesperado rebento, e, em seguida, expulsando-o de sua cama. E culmina com o final chapliniano de Pixote, que tenta se equilibrar nos trilhos, fazendo seu próprio caminho/destino. Sobre o fato de ter escolhido o personagem Pixote para permanecer até o fim do filme, Babenco argumenta:

> Poderia ter sido o Pixote como qualquer outro. A gente pegou, digamos, o mais exposto, que por consequência era o mais pequeno, com menos capacidade de gerar coisas, o que tem menos jogo de cintura, o que tem menos possibilidade de vida, de fato. Aí ficou o Pixote. Tanto assim que o filme não era nem para acabar desse jeito, o filme tinha outro final. Inclusive o título *Pixote* a gente colocou no final.[19]

Em *Pixote*, a violência nos grandes centros urbanos torna-se uma inconveniente aliada do trajeto dos nossos protagonistas juvenis por um cotidiano arisco. Eles se apoiam na agressividade para impor seu ego num contexto social excludente, não identitário, não relacionário, sem se preocupar com as consequências da conduta. Esse filme,

---

19 Trecho de entrevista gravada em 17 de setembro de 1980, *cit*.

tão importante como veículo de denúncia social, foi curiosamente lançado no mesmo ano do lançamento de *Idade da Terra* – baseado em poema de Castro Alves –, último longa de Glauber Rocha, que se propôs retratar, de forma épica, o jogo político do Brasil e seu desencanto com a esquerda. O cinema sempre foi um lugar para externar inconformismos, e Hector Babenco, em depoimento à jornalista Lúcia Nagib, afirma que o compromisso da arte é com a não manipulação da informação:

> É melhor deixar essa manipulação para a televisão, para a novela. O que pode distinguir um filme de tudo o que se produz hoje em dia no setor audiovisual é a capacidade de ser genuíno, de ter uma têmpera. Como eu lido com histórias que estão muito perto do emotivo, fico sempre me policiando para que em nenhum momento possa descambar para o apelo emocional. *Pixote, a lei do mais fraco*, por exemplo, é um filme que tinha tudo para ser um corolário de momentos piegas, mas não tem um sequer em todo o filme. E isso é o que eu mais vigiava durante a produção. [...] Em *Pixote* ficamos com Fernando Ramos da Silva, que parece um homem de 80 anos, é a amargura em pessoa, você lê no rosto dele a tragédia sem que ele abra a boca.[20]

Com base numa noção *mediadora*, como a observação do *habitus* definida nos estudos de Bourdieu, pode-se perceber a dualidade presente no senso comum entre o individual e o social inserido na saga do personagem Pixote, levado a se apropriar de valores pertencentes a um campo distanciado das práticas sociais vigentes. Para Bourdieu, o *habitus* "é a mediação universalizante que faz com que as práticas sem razão explícita e sem intenção significante de um agente singular

---

20 Babenco *apud* Lúcia Nagib, *O cinema da retomada: depoimentos de 90 cineastas dos anos 90*, op. cit., p. 34.

sejam, no entanto, 'sensatas', 'razoáveis' e objetivamente orquestradas"[21]. A noção de *illusio, sentido de jogo*, permite entender a lógica da relação social entre os agentes (grupos ou estruturas sociais).

> O *habitus* se apresenta, pois, como social e individual: refere-se a um grupo ou uma classe, mas também ao elemento individual; o processo de interiorização implica sempre internalização da subjetividade, o que ocorre certamente de forma subjetiva, mas que não pertence exclusivamente ao domínio da individualidade. A relativa homogeneidade dos *habitus* subjetivos (de classe, de grupo) encontra-se assegurada na medida em que os indivíduos internalizam as representações objetivas segundo as posições sociais de que efetivamente desfrutam. A análise de Bourdieu tende, assim, a enfatizar a importância de se estudar o modo de estruturação do *habitus* através das instituições de socialização de *habitus* distintos [...] "A ação pedagógica na primeira fase de formação do agente é vista como produtora de um hábito primário, característica de um grupo ou de uma classe que está no princípio da constituição ulterior de todo outro hábito".[22]

Em 2006, na 11ª edição do É Tudo Verdade – Festival Internacional de Documentários, foi lançado o documentário *Pixote in memoriam*, de Felipe Briso e Gilberto Topczewski, com o retrato do reencontro com os personagens de *Pixote: a lei do mais fraco,* composto de depoimentos de atores, parte da equipe envolvida na produção do longa-metragem, personalidades impactadas pelo filme e familiares do protagonista Fernando Ramos da Silva, já falecido. Vinte anos depois do lançamento, verificou-se que ainda há feridas abertas, incompreensão pela atitude dos policiais, indignação pela covardia da execução e a sensação

---

21 Pierre Bourdieu, *Questões de sociologia*, op. cit., p. 73.
22 Bourdieu *apud* Renato Ortiz (org.), *A sociologia de Pierre Bourdieu*, São Paulo: Olho d'Água, 2005, pp. 17-18.

vergonhosa de que pouca coisa mudou no que se refere às políticas públicas elaboradas para essa população. O cartaz de divulgação do filme *Pixote*, com o pequeno ator fugindo nu e um camburão de polícia às suas costas, é hoje uma triste ironia.

Através desses depoimentos e da exibição de trechos de matérias jornalísticas (veiculadas na época do lançamento do título e da morte do garoto), resgata-se a história dos envolvidos naquele projeto. *Pixote in memoriam* toca também na questão da responsabilidade (e seu limite) do diretor e dos produtores em relação aos jovens atores e aborda o papel da mídia no processo de construção e desconstrução do personagem. Sobre esse aspecto, o repórter Caco Barcelos dá o seu parecer sobre os fatos do ponto de vista jornalístico, focando a conduta dos policiais que causaram a morte do ator. Hector Babenco fala em detalhes do processo de escolha do garoto Fernando para interpretar o papel principal e também de sua surpresa pela carreira internacional do filme e ainda do impacto causado pela notícia da morte do ator. É contundente o relato de Cida, a esposa de Fernando, quando afirma que ele nunca assistiu ao filme até o final, pois achava que, caso o visse, a história iria acabar. Em tempos modernos, o indivíduo está cada vez mais privado de passado, está cada vez mais privado de futuro. Para Morin,

> Aliviado das preocupações acumulativas, [esse homem] não ousa encarar um futuro incrível [...] O indivíduo privado que quer consumir sua própria vida tende a valorizar o presente. Fica, além disso, cada vez mais privado de passado; esse não lhe fornece mais sabedoria e norma de vida; os antigos valores, as grandes transcendências são esmagadas por um devir acelerado [...] A cultura de massa responde essencialmente a esse "hiperindividualismo" privado. Mais ainda: contribui para enfraquecer todos os corpos intermediários – desde a família até a classe social [...].[23]

---

23 Edgar Morin, *Cultura de massas no século XX: o espírito do tempo*, op. cit., v. 1: Neu-

Com o cinema posto em risco, *Pixote* é um devastador mergulho na indefinição das políticas sociais contemporâneas através de um protagonista caracterizado como antípoda no ambiente em que trafega. Sem facilitar a recepção, impacta com a sua matéria cênica pinçada do real – nu e cru – em bruto, carregado de possibilidades de buscas e desencontros. O ponto de partida é a denúncia da realidade dos menores infratores. Estes configuram identidades esfumaçadas com arcos de ação que se desenvolvem em paralelo, mas tendo em comum a hipótese de uma imaginação atormentada pelo cotidiano cinzento, estilhaçando-se em inegáveis fragmentos de sentido ao se deparar com a demonização da metrópole, pouco afeita a despreparados.

A juventude em clima de vulnerabilidade

Antes retrato de lugares auspiciosos e aprazíveis, em que o contato com o outro era marcado pela confiança e credibilidade num espaço urbano pautado pela segurança, as cidades dos tempos atuais, com forte dose de hedonismo, segundo o sociólogo Zygmunt Bauman, "tornaram-se o espaço do medo e da insegurança. Nelas o estrangeiro passou a ser apartado por marcas urbanas da diferença: bairros próprios, grades, muros e todos os mecanismos possíveis de segregação"[24]. Sobre a questão dos meninos de rua na América Latina, Pilotti e Rizzini discorrem:

> O extermínio de meninos de rua no Brasil ocorre principalmente nas grandes cidades, como Rio de Janeiro, São Paulo, Salvador e Recife. De acordo com o conceito adotado pelas Nações Unidas e elaborado por Lusk e Mason, a expressão designa toda criança, menino ou menina, para a qual a rua [no sentido mais amplo do termo, o que inclui casas não habitadas,

---

rose, p. 175.
24 Zygmunt Bauman, *Confiança e medo na cidade*, op. cit.

terrenos baldios, por exemplo] tornou-se sua moradia e/ou sua fonte de sobrevivência, e que não tem proteção, não é convenientemente vigiada ou orientada por um adulto responsável. Esta expressão refere-se a crianças desprovidas de recursos e que moram ou passam a maior parte de seu tempo na rua, sem serem necessariamente infratoras. O fenômeno dos meninos de rua fornece uma imagem dramática dos países do Terceiro Mundo, sobretudo na América Latina. Entretanto, os países desenvolvidos também podem ter esse problema. Crianças provenientes das camadas mais pobres dos países ricos adotam cada vez mais a rua na busca de sua sobrevivência. São, sobretudo, filhos de imigrantes cujos pais deixaram seu país de origem em busca de melhores condições de vida para a família.[25]

O cinema, em seu alcance e plenitude, absorve com competência a sinalização social e oferece um retrato dos costumes e efervescências sociais. Em certos casos, a atitude de denúncia de mazelas urbanas no roteiro em paralelo aos desatinos dos personagens reflete fatos que se mostram desafiadores no cotidiano das metrópoles. Sobre essa questão, Morin afirma:

> Os tradicionais perigos de guerra transformam-se numa grande ameaça apocalíptica. As perspectivas de progresso transformaram-se em visões de ficção científica. E assim, enquanto o Estado estabelece as relações com o passado e o futuro, o indivíduo agarra-se à grande justificação da vida presente: desfrutar e realizar-se.[26]

O filme *Vera*, de 1986, é o primeiro longa de ficção de Sérgio Toledo, ex-estudante de sociologia, neto do pintor Lasar Segall e filho da atriz

---

25 Francisco Pilotti; Irene Rizzini, "A (des)integração na América Latina e seus reflexos sobre a infância", em: Irene Rizzini (org.), *A criança no Brasil hoje: desafio para o terceiro milênio*, Rio de Janeiro, Editora Universitária Santa Úrsula, 1993, p. 51.
26 Edgar Morin, *Cultura de massas no século XX: o espírito do tempo, op. cit.*, v. 1: Neurose, p. 175.

Beatriz Segall. Com uma trama claramente adaptada do romance *A queda para o alto*, de Sandra Mara Herzer, publicado em 1982 – embora o diretor não atribua o crédito nos letreiros de abertura do filme –, apresenta um perfil de cinema de denúncia através de um personagem desafiador. A película tem um excelente acabamento estético, fruto da dedicação de quatro anos do diretor, com pesquisa feita em unidades da Febem, hospitais psiquiátricos e boates. Toledo o definiu como "um mergulho na minha maneira pessoal de sentir e ver o mundo"[27]. A excelente fotografia é de Rodolfo Sanchez (que trabalhou com Babenco em *Pixote* e *O beijo da mulher aranha*) e a inquietante trilha sonora foi composta por Arrigo Barnabé. Na tela, narra-se a densa história da jovem Vera (Ana Beatriz Nogueira, em sua estreia no cinema), que, assim como Pixote, passa a adolescência num internato, onde começa a desenvolver uma personalidade masculina e a se impor às outras meninas. Aos 18 anos, sai do confinamento e, com a ajuda de um senador (Raul Cortez), consegue arranjar emprego e mantém uma relação conturbada e sexualmente confusa com Clara (Aída Leiner); por fim, não consegue se ajustar ao comportamento social padrão numa cidade fria e indiferente. Com uma abordagem não moralista, o filme retrata o conflito pessoal do indivíduo, transgressor de uma identidade sexual vigente e não menos alheio a uma conduta social padronizada. Segundo Young,

> diferenças de raça e classe perpassam o gênero, diferenças de gênero e etnia perpassam a religião e assim por diante. Os membros de um grupo de gênero, racial etc., têm histórias de vida que os tornam muito diferentes entre si, com diferentes interesses e diferentes posicionamentos ideológicos. Assim, o processo unificador requerido pela representação de grupos

---

[27] Declaração de Sérgio Toledo ao jornalista Aramis Millarch, em 19 de junho de 1987. Disponível em: <http://www.millarch.org/artigo/vera-melhor-estreia-da-semana>, acesso em: 20 set. 2017.

buscaria congelar relações fluidas numa identidade unificada, o que pode recriar exclusões opressivas.[28]

Numa entrevista para um DVD produzido pela Videofilmes[29], Chico Buarque de Holanda declara que é evidente a quantidade de menores abandonados num país que se diz país do futuro, país espremido, sufocado por um problema econômico, dívida externa e educação relegada a segundo plano. "Se fala muito em país grande, mas uma nação forte e ignorante é uma nação perigosa." *Brejo da Cruz*, escrita por Chico em 1984 (pouco posterior ao lançamento do filme), época em que a presença das consideradas *pequenas pessoas invisíveis* começava a incomodar uma sociedade embotada, constitui uma oportuna ilustração musical da história de Pixote:

> A novidade
> Mas há milhões desses seres
> Que se disfarçam tão bem
> Que ninguém pergunta
> De onde essa gente vem [...][30]

Outras produções retratam o universo de menores abandonados, embora com abordagens diferentes e discursos fílmicos igualmente inspirados em personagens críveis que transitam por desníveis humanos. Num cenário identificado pelo descaso, pela miséria e impunidade, a sociedade civil expõe sua indignação com a estrutura mesquinha e autoritária de uma elite que não se dispõe a ouvir ou a enxergar as vítimas dos desníveis sociais. Luiz Zanin Oricchio revela que o abismo de classes no Brasil foi debatido a partir da década de 1990 por dois

---

28 Iris Marion Young, "Representação política, identidade e minorias", *Revista Lua Nova*, São Paulo: 2006, n. 67, p. 140.
29 *Chico* (box) EMI, 2005.
30 Chico Buarque, "Brejo da Cruz", *Chico Buarque* (CD), Marola Edições Musicais, 1984.

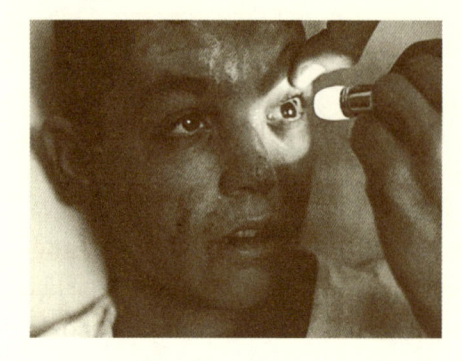

Delírios de Pixote.

filmes: *Quem matou Pixote?* e *Como nascem os anjos*, ambos de 1996. O primeiro, como vimos, baseia-se na história verídica da morte de Fernando Ramos da Silva, o ator mirim protagonista de *Pixote, a lei do mais fraco*. Depois de ter representado pequenos papéis, Fernando desapareceu do meio artístico, voltou para sua cidade natal e, junto com o irmão, começou a cometer pequenos delitos, até ser morto pela polícia, em 1987. Sobre o filme, Oricchio afirma:

> Com esta história nas mãos, Joffily fez um filme sincero, emotivo, contado de maneira a comover explicitamente. Começa com forte impacto, depois cede um pouco à linguagem televisiva da emoção sem grande profundidade, tentando mostrar ao espectador, de forma didática, que Fernando tinha sido induzido ao crime, mas um determinismo social cruel o havia conduzido ao destino inevitável.[31]

Com o propósito de estruturar a linguagem fictícia, Murilo Salles imaginou a situação em que um malandro atrapalhado (André Mattos) e duas crianças da favela, Japa e Branquinha (Silvio Guidane e Priscila

---

31 Luiz Zanin Oricchio, *Cinema de novo: um balanço crítico da retomada*, op. cit., 2003, p. 72.

Assum), tornam-se sequestradores involuntários de uma família de norte-americanos. As crianças aproveitam a situação de superioridade oferecida pela arma na mão. Os lados do bem e do mal apresentam limites indefinidos. Tudo é relativo, conforme Oricchio: "Não há vilões. Não há heróis. Apenas vítimas".

Em 2007, Carlos Cortez adaptou para o cinema o romance *Querô, uma reportagem maldita*, de Plínio Marcos. Querô, vivido pelo então estreante garoto Maxwell Nascimento, não sabe quem é seu pai, e sua mãe, a prostituta Piedade (Maria Luísa Mendonça), morre ao ingerir querosene, quando o menino ainda era um bebê. Criado num prostíbulo, o menino cresce na realidade das ruas de Santos, onde comete delitos até chegar aos maus-tratos da Febem. O filme teve discreta aceitação no circuito comercial, com alguns elogios da crítica. O protagonista foi escolhido em triagem pelas escolas, casas, cortiços e ruas da Baixada Santista. Foram realizados testes com mais de 1.200 meninos entre 12 e 21 anos.

O documentário *Eu fiz Querô* (2007), dirigido por Carlos Cortez junto com dois atores do filme, Samuel de Castro e Eduardo Bezerra, revela o processo de preparação dos atores. Quarenta adolescentes foram selecionados e passaram a frequentar oficinas de interpretação e a integrar o elenco oficial do filme. Maxwell Nascimento obteve o prêmio de melhor ator no Festival de Cinema de Brasília 2006 e prêmios no Festival de Cinema de Cuiabá e no Cine Ceará.

Maxwell, ao contrário de seu personagem, tem uma família estruturada e chegou a atuar em papel de destaque na novela adolescente *Malhação*, da Rede Globo. Os outros adolescentes do filme integraram-se ao Instituto Querô, uma organização que tem como meta o ofício cinematográfico, com o apoio da Gullane Filmes, do Unicef e da Prefeitura de Santos, numa louvável iniciativa de amparo e incentivo a jovens em situação de risco social.

O planeta está cheio. Esta afirmação da sociologia e da ciência política, segundo Bauman, não se refere à situação da Terra, e sim às formas e ao meio de subsistência de seus habitantes, alguns considerados, como o personagem Pixote, *redundantes*, termo que sugere superfluidade. Ser "*redundante* significa, portanto, ser extranumerário, desnecessário, sem uso [...] Os outros não necessitam de você. Podem passar muito bem, e até melhor, sem você".

A produção de "refugo humano", ou, mais propriamente, de seres humanos refugiados (os "excessivos" e "redundantes", ou seja, os que não puderam ou não quiseram ser reconhecidos ou obter permissão para ficar), é um produto inevitável da modernidade, e um acompanhante inseparável da modernidade. É um inescapável efeito colateral da *construção da ordem* (cada ordem define algumas parcelas da população como "deslocadas", "inaptas" ou "indesejáveis") e do *progresso econômico* – que não pode ocorrer sem degradar e desvalorizar os modos anteriormente efetivos de "ganhar a vida" e que, portanto, não consegue senão privar seus praticantes dos meios de subsistência.[32]

Pixote apresenta um retrato cinematográfico do cotidiano de excluídos e, embora ajude a entender determinadas questões problemáticas presentes no cenário de classes desprovidas de atenção e afeto, infratoras de regras, não aponta saídas. Além de uma leitura artística pelo olhar do diretor, extremamente sensível e tocante em sua escolha estética, constitui um documento histórico fruto do cinema de ficção, concebido a partir de uma realidade fadada ao insucesso, descrita também nas palavras de Benjamin:

> Uma embriaguez acomete aquele que longamente vagou sem rumo pelas ruas. A cada passo, o andar ganha uma potência crescente; sempre menor se torna a sedução das lojas, dos bistrôs, das mulheres sorridentes e sempre mais irresistível o magnetismo da próxima esquina, de uma massa de folhas distantes, de um nome de rua. Então vem a fome. Mas ele não quer saber das mil e uma maneiras de aplacá-la. Como um animal ascético,

---

32 Zygmunt Bauman, *Vidas desperdiçadas*, op. cit., p. 12.

vagueia através de bairros desconhecidos até que, no mais profundo esgotamento, afunda em seu quarto, que o recebe estranho e frio.[33]

Ao assistir a *Pixote*, torna-se pertinente a leitura – ainda que distanciada da época de produção – de que é possível transformar esse depoimento cinematográfico em objeto de clamor pelo necessário comprometimento de diferentes sujeitos com a mobilização de um projeto político-social capaz de fortalecer a construção de um olhar diferenciado sobre a juventude em situação de risco e de favorecer futuras transformações sociais, econômicas e culturais.

---

33 Walter Benjamin, *Obras escolhidas III: Charles Baudelaire, um lírico no auge do capitalismo*, op. cit., p. 186.

João Estrella, o indivíduo hipostasiado

capítulo 4

> Não feito, não perfeito, não completo,
> Não satisfeito nunca, não contente,
> Não acabado, não definitivo;
> Eis aqui um vivo.
>
> LENINE[1]

O período em que se passa a história de *Meu nome não é Johnny*, anos 1980-1990, reflete uma experiência de tempo e espaço de possibilidades de prazer, perigo e armadilhas da vida moderna, abertas ao personagem principal, pertencente a uma classe brasileira abastada, que enveredou pelo mundo do tráfico de entorpecentes ligado às chamadas *drogas de asfalto*. Sua situação difere daquela em que se encontra o jovem do morro que geralmente se envolve com o tráfico por questões de sobrevivência. Esse contexto ainda é atual nos dias de hoje entre garotos de classe média, constantemente dependentes de novas drogas sintéticas, como o *ecstasy*. A relação entre juventude e modernidade, em que esta aparece como fomentadora de mudanças e descontinuidades, tem sido objeto de estudo de diversos cientistas sociais, como Pierre Furter:

> Relacionar juventude e modernidade significa a aproximação de dois mitos que atualmente usufruem prodigiosa expansão: 1) o da perene adolescência, a espontaneidade sempre renovada pela vida jovem, das múltiplas oportunidades oferecidas a cada nova geração; 2) o do

---

1 Lenine, "Vivo", *Lenine in Cité* (CD), Sony BMG, 2004.

"modernismo", da violenta aceleração da nossa história, da necessidade constante de renovação, da rejeição da continuidade e das tradições.[2]

Segundo Marshall Berman, ser moderno é encontrar-se num ambiente que promete aventura, poder, alegria, crescimento, autotransformação e transformação das coisas em redor, mas ao mesmo tempo ameaça destruir tudo o que temos e somos. O autor parafraseia Marx ao escrever que ser moderno é fazer parte de um universo em que "tudo o que é sólido desmancha no ar".

> Em meio a todas as possibilidades e necessidades que bombardeiam o indivíduo e todos os descontrolados movimentos que o impelem, como poderá alguém definir de forma cabal quem é essencial e quem é acidental? A natureza do novo homem moderno, desnudo, talvez se mostre tão vaga e misteriosa quanto a do velho homem, o homem vestido, talvez ainda mais vaga, pois não haverá mais ilusões quanto a uma verdadeira identidade sob as máscaras. Assim, juntamente com a comunidade e a sociedade, a própria individualidade pode estar desmanchando no ar moderno.[3]

Mauro Lima estreou no cinema em 1993, na codireção de *Kafka – o outro processo* e *Impala 60*, antes havia dirigido apenas filmes publicitários e videoclipes. Em 1997, levantou certa polêmica ao dirigir *Loira incendiária*, que surgiu a partir de uma ideia de um ator que queria adaptar uma peça de sua autoria para um curta-metragem, com uma lata de filme preto e branco. Foi dirigido em três dias, inspirado em cineastas de filmes B do cinema norte-americano. Apesar de ter sido amplamente discutida na imprensa por ter custado apenas cerca de

---

2 Pierre Furter, *Juventude e tempo presente*, trad. de Luís Lourdes Orlandi, Rio de Janeiro: Paz e Terra, 1967, pp. 14-15.
3 Marshall Berman, *Tudo que é sólido desmancha no ar: a aventura da modernidade*, trad. de Carlos Felipe Moisés e Ana Maria L. Ioriatti, São Paulo: Companhia da Letras, 1986, p. 108.

10 mil reais, a produção passou despercebida do grande público. Em seguida, Lima roteirizou e dirigiu, em quatro semanas, o longa *Deus Jr.* (2000), sobre a história de um jornalista em crise que é incumbido de procurar um empresário desaparecido, enveredando pelo submundo de drogas, prostituição e seitas religiosas. Participou do Festival de Cinema do Rio e não teve boa aceitação no circuito comercial.

O primeiro trabalho de Mauro Lima para o grande público foi *Tainá 2 – a aventura continua* (2004), sobre o qual afirmou ter se limitado a cumprir um contrato, sem conseguir mexer uma vírgula no roteiro. A respeito da diferença de dirigir um filme infantil antes de assumir a história de Johnny, voltada ao público jovem, ele relatou ao *site* Omelete: "Se você analisar a ideia de cinema de ficção, vai ver que eles têm ou terão alguma coisa a ver. Talvez não seja algo simples, mas terão"[4]. Seu próximo filme como diretor, *Reis e ratos*[5], em parceria com Selton Mello, conta a história de um agente da CIA enviado ao Rio de Janeiro que não quer mais voltar aos Estados Unidos. A trama cria uma narrativa obscura e delirante numa certa antessala dentro do cenário golpista. Em entrevista a Lúcia Nagib antes do sucesso de *Meu nome não é Johnny*, Lima discorre:

> O que posso dizer de mais honesto (talvez menos honesto em outro sentido) na minha formação é que meu caminho de aprendizado mais contundente foi a publicidade. Não sou formado em cinema. Cheguei a cursar Cinema na FAAP, mas me dei conta de que não era ali que iria aprender alguma coisa, na época não havia muita estrutura no sentido prático. [...] Essa retomada do cinema brasileiro não é propriamente uma retomada.

---

4 "Omelete entrevista: Mauro Lima, diretor de *Meu nome não é Johnny*", 3 jan. 2008, disponível em: <https://omelete.uol.com.br/filmes/entrevista/omelete-entrevista-mauro-lima-diretor-de-meu-nome-nao-e-johnny/>, acesso em: 20 set. 2017.

5 Lançado no início de 2012, o filme foi rodado em apenas 17 dias, com cenário e figurinos restaurados de outra produção, *O bem-amado*, e atores renomados que aceitaram trabalhar sem data para receber. Baseia-se num roteiro antigo do diretor.

Nem se pode falar em mercado no nosso cinema, porque não há. É preciso pensar no que é o mercado agora, pois é diferente da época em que *Dona Flor e seus dois maridos* fez 11 milhões de espectadores. [...] O que há hoje é uma grande festa, mas isso não significa que seja um mercado. Existe dinheiro que é nosso, não da Volkswagen ou do Banco Real; está sendo investido, mas não volta. Os filmes são muito caros e para fazer este dinheiro voltar é preciso uma bilheteria que não existe.[6]

Esse filme, como vimos, baseia-se em livro homônimo do jornalista Guilherme Fiúza, publicado em 2004 com o subtítulo *A viagem real de um filho da burguesia à elite do tráfico*. O autor, que é primo do protagonista da história, apresenta uma linguagem ágil, de forte apelo juvenil, num *thriller* de ação com doses de humor e sequência em ritmo acelerado que lembra muito algumas produções da década de 1980, como o livro *Tanto faz* (1981), de Reinaldo Moraes. O texto assemelha-se a uma reportagem sobre o tráfico, mas desta vez foge do costumeiro cenário das favelas, visto em outras produções, e chega ao asfalto carioca das décadas de 1980-1990, com personagens reais. A história foi escrita após horas de entrevistas gravadas com João Guilherme Estrella e com autoridades policiais, familiares do protagonista e frequentadores da noite carioca. Uma curiosidade é que o instigante título da história passa despercebido na exibição do filme. Na versão literária, quando João é capturado, a imprensa divulga a prisão do *traficante Johnny*, apelido que ele nunca teve; esse é o fato que provoca o sentido do título. Apesar de a maioria dos personagens aparecerem com seus nomes verdadeiros trocados, todos os fatos narrados, segundo o autor, são reais.

Em junho de 2001, procurei João Guilherme Estrella e lhe propus que publicássemos a sua história. Considerando traumas, feridas abertas e riscos

---

6 Lima *apud* Lúcia Nagib, *O cinema da retomada: depoimentos de 90 cineastas dos anos 90*, op. cit., pp. 266-271.

João sendo fichado pela polícia.

que estavam em jogo, não sabia como ele reagiria à minha condição central: revelar seu nome verdadeiro. Minha intenção era explicar-lhe que não desejava contar uma história verossímil, parecida com a realidade, ou apenas baseada em fatos verídicos (por mais excitantes que eles fossem): só me interessava a própria história real. E a verdadeira identidade do protagonista seria a pedra fundamental dessa autenticidade. Mas não precisei explicar nada. João Guilherme foi logo dizendo: "Pode botar meu nome". Topou no ato. [...] João estava firme, mais decidido do que nunca a contar tudo: sua ascensão ao baronato da cocaína no Rio de Janeiro, suas aventuras entre a elite boêmia e o submundo carioca, seus voos, seus tombos. E a mostrar sua cara.[7]

A versão para o cinema é protagonizada, acertadamente, pelo ator Selton Mello, um carismático ator de cinema e TV, também considerado astro da mídia nacional[8]. Em todas as matérias críticas sobre o filme,

---
7 Guilherme Fiúza, *Meu nome não é Johnny*, op. cit., p. 9.
8 Selton Mello revelou-se um sensível diretor, e seus filmes intimistas *Feliz Natal* (2008) e *O palhaço* (2011) tiveram boa aceitação da crítica. O segundo também foi bem recebido pelo público.

sua interpretação foi cercada de elogios, devido à sua entrega ao papel e identificação com o público, fator essencial para um personagem tão atípico, que comete transgressões sociais ao lidar com o ilícito, sem perder uma forte dose de humor e simpatia diante da vida.

Apesar de contar com um competente esquema de produção e dispor de uma inquietante história já publicada em livro, a película passou por diversas dificuldades de adaptação para o roteiro, que, finalmente, foi assumido pelo próprio diretor em parceria com a produtora Mariza Leão. Reacendeu também o interesse público pelo livro, que teve novas edições, desta vez com a imagem do cartaz do filme na capa.

É curioso observar o sucesso que *Meu nome não é Johnny* obteve com o público jovem, se associado a um fato ocorrido na década de 1980, quando uma bem-sucedida literatura juvenil conquistou leitores, em conjunto com produtores cinematográficos interessados em explorar o mercado consumidor adolescente, tornando-se, assim, um elo entre o cinema e a indústria editorial. Como exemplos bem-sucedidos, podem-se citar os livros *Dedé Mamata*, de Vinícius Vianna, *A queda para o alto*, de Sandra Mara Herzer, *Verdes anos*, de Luiz Fernando Emediato, *Com licença, eu vou à luta*, de Eliane Maciel, e *Feliz ano velho*, de Marcelo Rubens Paiva.

> A definição de públicos específicos para produtos peculiares foi uma dessas inovações da indústria do entretenimento. Novelas para leitoras, contos para o público masculino, literatura infantil, romances juvenis, filmes para maiores, produções cinematográficas para matinês, *midnight movies*. Cada um desses segmentos concentra uma série de características e elementos combinados a partir dos mais variados textos, repertórios e narrativas [...]. Os chamados filmes juvenis são produtos dessa dinâmica de diferenciação e padronização das indústrias da cultura. Suas características são, em grande parte, inventadas na criação de uma condição juvenil industrializada. Enganam-se, contudo, aqueles que imaginam que tal processo de fabricação confere a esses produtos uma imagem de juventude carente de

identificação, projeção ou reconhecimento por parte do seu público consumidor preferencial.[9]

Sobre a sua direção, Mauro Lima afirma que não encontrou dificuldades com o gênero documentário; mais complicada foi a criação de coisas de época, como, por exemplo, as grades dos edifícios do Rio de Janeiro, que foram modificadas a partir de 2001 e, por isso, a produção precisou procurar algumas ruas que ainda tivessem grades antigas. Antes do lançamento do filme, foram feitas exibições em escolas e faculdades com público de idades distintas, testando a sua eficiência junto aos jovens. "E quando foram feitas fora das universidades, as pessoas de mais idades e de outras esferas da sociedade aderiram à produção por outros motivos, entendendo aquilo como uma história interessante."[10]

A busca pelo inexequível: prazer e drama

Com o foco na trajetória de João Guilherme Estrella, assistimos à transposição para a tela da saga de um jovem *playboy* de classe média que seguiu um rito de passagem sem limites – iniciado com cigarrinhos de maconha experimentados com amigos até atingir o poder com a cocaína – e que frequentava um meio repleto de seduções guiado pelo instinto de sua individualidade, numa trilha pessoal, com ascendência fulminante e, surpreendentemente, sem intenção de chegar a lugar algum, fugindo de qualquer roteiro preestabelecido. Para Wanderley,

---

9 Zuleika Bueno, *Adaptar o livro, conquistar o público e ampliar o mercado: as estratégias do mercado de filmes juvenis brasileiros*, XI Congresso Internacional da Abralic, São Paulo, 13-17 jul. 2008, p. 12, disponível em: <http://www.abralic.org.br/eventos/cong2008/AnaisOnline/simposios/pdf/062/ZULEIKA_BUENO.pdf>, acesso em: 21 set. 2017.
10 Mauro Lima (Exclusivo), entrevista concedida ao *site* Cineclick, em 25 maio 2009, disponível em: <https://www.cineclick.com.br/entrevistas/mauro-lima-exclusivo>, acesso em: 21 set. 2017.

quando o indivíduo-cidadão consegue criar uma história pessoal, integrar o vivido, o percebido e o imaginado, ele se transforma num sujeito.

Em certos setores é de uso corriqueiro o termo ator político, para uns os que têm ação política manifesta, para outros, no conjunto dos sujeitos, os subgrupos com participação explícita na arena política, basicamente na política partidária e nos quadros governamentais. Uma distinção envolvente é dos que diferenciam como ator os que seguem um *script* estabelecido, e como sujeito os que não seguem um *script* dado e criam os seus.[11]

Complementando esse pensamento, constata-se que o termo *identidade* é tido como fonte de significado e experiência de um indivíduo ou de um povo. Segundo Castells[12], seu sentido pode ser entendido, ao menos, de três maneiras: identidade de legitimação, reconhecida pelos poderes dominantes; identidade de resistência, para todos os que não aceitam as normas e regras vigentes; e identidade de projeto, que sugere novos horizontes para a identificação individual e coletiva através de projetos alternativos para transformar a sociedade. É fato que o personagem central do filme encontra-se na segunda categoria, ao propagar um individualismo ímpar, e acentua sua fragilidade em estabelecer a alteridade, em externar a sua relação com o outro que não seja de instável prazer, fruto do fragmento provocado pela modernidade. Segundo Augé,

> o uso que somos levados a fazer, a propósito dele, dos termos "espetáculo" e "olhar" nada tem de metafórico. É o nosso olhar, na verdade, que enlouquece diante do espetáculo de uma cultura que se dissolve em citações, cópias e plágios, de uma identidade que se perde em imagens e reflexos de

---

[11] Luiz Eduardo Wanderley, *Educação popular: metamorfoses e veredas*, op. cit., pp. 109-110.
[12] Manuel Castells, *O poder da identidade*, trad. de Klauss Brandini Gerhardt, São Paulo: Paz e Terra, 1999.

uma história que a atualidade submerge e de uma atualidade indefinível (moderna? pós-moderna?), porque só a percebemos aos pedaços, sem que nenhum princípio organizador nos possibilite dar sentido à dispersão dos flashes, clichês e comentários que fazem as vezes de realidade.[13]

Sobre a questão da *identidade*, temos, no cinema brasileiro recente, mais precisamente no ano de 2010, bons exemplos de produções distintas, vindas de diferentes centros urbanos, realizadas quase na sua totalidade por diretores estreantes que privilegiam as inquietudes do jovem contemporâneo, seja na metrópole, na periferia ou numa cidade do interior. O filme *Vips* (Toniko Melo, 2010), produção carioca, apresenta o protagonista Marcelo (Wagner Moura) usando vários disfarces para fugir de ser quem realmente é; *Bróder* (Jeferson De, 2010), realizado na periferia de São Paulo, retrata o encontro de três amigos no aniversário de um deles, Macu (Caio Blat), ator branco, envolvido em questões ilícitas, e que, curiosamente, propaga em cena o discurso em prol da cultura negra presente na trajetória do diretor; *Os famosos e os duendes da morte* (Esmir Filho, 2010), rodado no interior do Rio Grande do Sul, apresenta um jovem (Henrique Larré), fã de Bob Dylan, que estabelece sua visão de mundo através do contato com a internet; *Antes que o mundo acabe* (Ana Luíza Azevedo, 2010), rodado em Santa Maria, interior do Rio Grande do Sul, narra as agruras de Daniel (Pedro Tergolina), um adolescente deslocado, em busca de seus valores: não conhece o pai, perde a namorada, e seu melhor amigo é preso por roubo; *As melhores coisas do mundo* (Laís Bodanzky, 2009) apresenta, no cenário paulistano, um adolescente de 16 anos (Felipe Miguez) que leva uma vida normal até ser desestabilizado pela separação dos pais e pela crise amorosa do irmão mais velho; *A alegria*[14] (Felipe Bragança

---

13 Marc Augé, *A guerra dos sonhos: exercícios de etnoficção*, op. cit., p. 18.
14 Filme selecionado para a Quinzena dos Realizadores do Festival de Cannes de 2010.

e Marina Meliande), usa elementos fantásticos para evocar o imaginário de Luíza (Tainá Medina), garota de 16 anos que cresce no Rio de Janeiro e idealiza um mundo todo próprio até ser surpreendida com a chegada de um primo do subúrbio que aparece baleado.

Em *Meu nome não é Johnny*, o protagonista alcança muito rapidamente o patamar de traficante internacional, devido a sua esperteza; rápida também é sua queda, ao ser descoberto pela polícia carioca e internado, inicialmente, numa clínica de tratamento mental e depois preso. As peripécias do roteiro levam-nos a presenciar até uma atitude heroica do protagonista, quando, na cadeia, defende uma minoria dos maus-tratos de grupos dominantes e, em outra passagem, se desvencilha das más intenções de um interno psiquiátrico. João Estrella, por fim, paga por seus atos um preço que poderia não ter resgate. Porém, ao contrário de Pixote, sobrevive, ao ser absolvido num tribunal pela benevolência de uma juíza, que poderia ter assinado sua sentença fatal. É considerado uma vítima que agiu na contravenção para suprir sua dependência da droga. Sobre a ausência de laços familiares concretos e o lado obscuro da busca por contatos fortuitos, o psicanalista Wagner Ranña comenta:

> Encontrar referências para seguir no processo de construção de uma identidade na adolescência implica busca de parâmetros, fora dos modelos parentais. Os pais já estão incorporados à subjetividade, às vezes até demais, e agora é preciso certo afastamento dessas referências. Daí vem a necessidade que os adolescentes sentem de buscar seus ídolos e amigos. Nem sempre, porém, as referências existentes são adequadas.[15]

Nos créditos iniciais do filme, todos os nomes viram pó, numa alusão intencional à cocaína como algo fugaz e efêmero. Não por acaso essa é a droga predileta de jovens ambiciosos, como o protagonista

---

15 Wagner Ranña, "Os desafios da adolescência", *Revista Viver Mente & Cérebro*, São Paulo, 2005, n. 155, p. 49.

de *Meu nome não é Johnny*, que, para alcançar meios de sustentar seu vício, envereda pelo caminho do tráfico e logo saboreia o sucesso rápido, como um *pop star* entre sua tribo e os altos escalões da sociedade, aproveitando as facilidades proporcionadas pela transgressão de valores sociais. Sob o efeito do entorpecente, ainda que ilusória e momentaneamente, parece mais fácil tolerar as regras do jogo do poder, sem perder a sensação de que se paira sobre todas as pequenezas cotidianas. Sobre os meios de sedução utilizados pelas drogas, Lidia Aratangy afirma:

> Quando injetada ou aspirada sob forma de pó, a cocaína tem sobre o cérebro o efeito típico de um estimulante: bloqueia a reabsorção de neurotransmissores, depois que esses são liberados nas sinapses, o que faz com que a ativação do sistema nervoso se mantenha por mais tempo. O uso repetido, dentro de um curto período, pode provocar convulsões [...]. Seus efeitos estão próximos do modelo de sucesso e bem-estar em nossa cultura: prazer rápido e intenso, sensação de poder, superação das necessidades e contingências que nos fazem humanos, como a fome, o cansaço, a tristeza.[16]

O herói transgressor destaca-se rapidamente no contato com a marginalidade do tráfico e, indiferente às consequências, assina seu previsível calvário, na condição do que, na linguagem do senso comum, poderia ser denominado o *moderno Peter Pan*, repleto de ambições inconsequentes, coroado por atitudes de pseudoafirmação em seu ambiente social, com ares adolescentes e bem-humorados. Trata-se de um delinquente acobertado pelo requinte de sua astúcia, distante da periferia e das dificuldades econômicas e flagelos que a acompanham. Ele transita com perspicácia pelo *glamour* e pela sintonia fina dominante na sociedade, em busca de prazeres efêmeros, sem maiores

---

16 Lidia Rosenberg Aratangy, *Doces venenos: conversas e desconversas sobre drogas*, São Paulo: Olho d'Água, 1991, p. 79.

ambições além de satisfazer seu desejo. Benjamin escreve que o fenômeno da banalização do espaço

> É uma experiência fundamental do *flâneur*. Como ele também se mostra, sob outra perspectiva, nos interiores da metade do século, não se deve rejeitar a hipótese de que o florescimento da *flânerie* ocorra na mesma época. Por força desse fenômeno, tudo o que acontece potencialmente neste espaço é percebido simultaneamente. O espaço pisca ao *flâneur*: o que terá acontecido em mim? Fica ainda por esclarecer, decerto, como esse fenômeno se relaciona com a banalização.[17]

A direção teve o cuidado de não vitimizar nem demonizar os personagens, e o diretor se surpreendeu com o fato de pessoas chorarem na primeira sessão exibida para vinte pessoas fora da ilha de edição. Em entrevista ao *site* Omelete, em 2008, Lima afirma: "Você cria um distanciamento daquilo tudo de tanto ver. Nunca trabalhei para ser assim e nem achava que tinha domínio". Independentemente das passagens em tom melancólico, a película tem a seu favor a linguagem ágil, o visual colorido e trilha sonora envolvente. Sobre a sonoridade utilizada na produção, na mesma entrevista, o diretor afirma:

> Primeira coisa é: a trilha sonora precisa falar mais do que a cena em si, ou precisa estar ali só para situar mais ou menos a questão? Inicialmente havia essa discussão. A gente chegou à conclusão de que iríamos comprar fonogramas. Eu achava que a gente devia comprar um fonograma que sintetizasse aquilo tudo e não 200 diferentes, o que seria inviável. Não era o filme do Cazuza e não preciso da música como personagem. A gente só precisava de algumas coisas. Então, está lá o Zé Rodrigues, o "A-a-u-u", dos Titãs, uma do Lobão e o resto de ambiente, que foram gravadas de fato. Eu

---

17 Walter Benjamin, *Obras escolhidas III: Charles Baudelaire, um lírico no auge do capitalismo*, op. cit., p. 188.

estava ali no alto-Leblon nos anos 80 e vivi aquilo. Eu ia a festas aqui em São Paulo e não estava tocando Barão Vermelho e Paralamas do Sucesso. Tocava B-52s, Talking Heads, The Clash e outras coisas do rádio. Era essa a diferença que queria mostrar.[18]

Na sequência das cenas, evidencia-se o caminho percorrido pelo protagonista: a família de classe média alta desestrutura-se após a descoberta do câncer do pai; este sofre ao perceber que perdeu o magnetismo sobre o filho, que antes se encantava com seus ensinamentos e atitudes de pai presente e benevolente e, com a adolescência, passou a preferir a companhia dos amigos. São os amigos que o iniciam nos pequenos delitos adolescentes, como a experimentação de maconha, até o posterior envolvimento com o frenesi de festas e percursos inconsequentes pelas noites eletrizadas de um Rio de Janeiro dominado por uma geração cada vez mais individualista.

Os anos oitenta e noventa são cenários político-culturais nos quais os processos de redemocratização do país convivem com o recrudescimento do individualismo. A geração de jovens que, no início de 1984, foi às ruas no movimento das *Diretas-Já* era também a materialização, no campo comportamental, dos impactos da alardeada crise de paradigmas. O "pode tudo", a sensação de uma liberdade já totalmente incorporada, caracterizava experiências paradoxais: o êxtase dava as mãos ao desencantamento, o tédio convivia com um hedonismo autocentrado. Podemos falar de uma década, a de oitenta, que funda, no Brasil, a vivência da presentificação, acirrada pelos impactos da revolução microeletrônica, com a ascensão de um exemplar bem de consumo – o computador pessoal[19].

---

18 "Omelete entrevista: Mauro Lima, diretor de *Meu nome não é Johnny*", *op. cit.*
19 Sílvia H. S. Borelli *et al.* "Jovens urbanos, ações estético-culturais e novas práticas políticas" in: Sara V. Alvarado y Pablo A. Vommaro (orgs.) *Jóvenes, cultura y política en América Latina : algunos trayectos de sus relaciones, experiencias y lecturas 1960-2000*, Rosario: Homo Sapiens, 2010, p. 315.

Com uma vida social agitada, João se distancia cada vez mais do seu pai, que, ao se entregar à bebida e ao cigarro, é abandonado pela mulher e, do segundo piso da casa, passa a viver em seu próprio mundo, longe do entorno e do próprio filho. Morando praticamente sozinho, com liberdade e autonomia em excesso, João usa o primeiro piso residencial para festas noturnas nas quais são feitos *negócios*, regados a bebidas e drogas, e quase tudo é liberado. É numa dessas festas que ele conhece Sofia, que vem a ser seu grande relacionamento afetivo. Com a anunciada morte do pai, ele sente sua primeira dor.

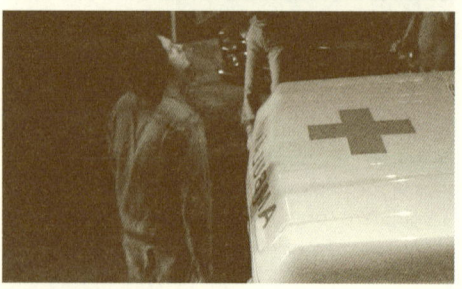

Johnny e a morte do pai, sua primeira experiência de perda.

Num golpe de sorte ou azar, sem premeditação, o tráfico passa a ser sua fonte de renda e dependência, quando descobre a possibilidade de administrar uma parcela do negócio. Uma teia aparentemente sem fim. De jovem alto, com fortes doses de humor, cativante e bem relacionado, o protagonista se torna um ganancioso e promissor traficante, cuja única meta é satisfazer seu vício na companhia da namorada também sem grandes perspectivas e que joga tarô para sobreviver. Está, então, instalado o cenário. De acordo com Moraes Junior, um dos significados mais recorrentes do *anti-herói* refere-se a alguém que tinha tudo para ser herói em certo evento e não foi, frustrando uma ampla massa que nele depositava grande expectativa de vitória:

> O anti-herói tende a nascer anti-herói. É conhecido no primeiro ato e prossegue agindo ao sabor da sua natureza. Pode ter depositado no seu heroísmo essencial a chama anti-heroica que vai revelar-se no enredo, por exemplo, no caso de "Macbeth", quando Macbeth, juntamente com Banquo, ouve das feiticeiras o vaticínio de que se tornará rei. A chama da vaidade e da gana pelo poder vai incendiar a sua consciência fazendo-o perpetrar atos ilícitos contra todos que se opuserem a tal predição. Portanto, nasce, é destituído das formalidades heroicas e segue o seu caminho.[20]

Em recente pesquisa realizada pelo projeto Jovens Urbanos, da PUC de São Paulo, sobre o modo juvenil de ser e de viver na cidade de São Paulo em sua mobilidade social, Borelli e Rocha analisam um panorama que bem poderia ser definido como a redoma do personagem João Guilherme:

---

20 Jorgson Ksam Smith Moraes Junior, *Herói decadente: a emergência histórica do anti-herói na literatura, no cinema e na TV*, op. cit., p. 22.

A experiência da intensidade, tão conflituosa quando referente ao ritmo urbano, retorna, de modo também marcante, em outras dimensões da sensibilidade e da sociabilidade juvenil. Mesmo quando não diretamente associado à criminalidade, o potencial desestruturador do envolvimento com o universo do álcool e de drogas ilegais inscreve-se no imaginário e demarca boa parte do cotidiano dos entrevistados. Em inúmeros relatos colhidos nota-se a tentativa de elaborar justificativas para experiências como essas, associadas a uma "ausência de controle" e à entrada em campo cíclico, labiríntico, no qual se perde autonomia e se provoca o sofrimento alheio, ainda que de forma involuntária. Para tanto elencam fatores culturais e psicológicos mais sutis, muitos deles indiretamente relacionados às lógicas da sociedade de consumo e da comunicação, marcada pelo excesso, pela urgência do viver o "aqui e agora" e pela busca desenfreada de reconhecimento e visibilidade.[21]

As sequências finais do filme apresentam a imagem de um protagonista fragilizado – como um herói realiza o seu retorno –, que modificou sua essência através dos obstáculos do seu percurso. É pungente a cena de João Estrella, ao sair da prisão, amparado pelos dois amigos restantes, seguindo de carro pelas ruas. Após instantânea visita a sua ex-namorada, agora carregando um filho nos braços, João atinge, sozinho, um amplo plano em direção ao mar, como possível trégua para suas façanhas, favorecendo um clima melodramático e nostálgico – com direito a momentos em *flashback* (infância, família, juventude, amores passados) –, bem distante do ritmo frenético e bem-humorado que permeia grande parte da fita. O espectador é envolvido pelo fundo musical, com Olivia Broadfield cantando uma versão melancólica de "It's a long way", música gravada por Caetano Veloso, símbolo da juventude anárquica, na década de 1970:

---

21 Silvia Helena Simões Borelli; Rosamaria Luiza de Melo Rocha, "Urbanas juvenilidades: modos de ser e de viver na cidade de São Paulo", *op. cit.*, p. 164.

Johnny, dominado
por nostalgia
e melancolia,
nas últimas cenas
do filme.

Woke up this morning
Singing an old Beatles song
We're not that strong, my Lord
You know we ain't that strong [...]²²

A juventude deve ser vista como um segmento social portador de deveres e direitos instaurados num tempo que leva a refletir sobre os perigos presentes em caminhos tortuosos. O percurso de Johnny, como protagonista do desenvolvimento de uma sociedade e de um país, constitui um alerta para as mudanças de comportamento. É preciso cultivar espaços para a expressão das dúvidas, anseios e perspectivas do jovem, de modo que ele possa enfrentar a realidade sem artifícios nem falsas alegrias.

---

22 Acordei esta manhã / cantando uma velha música dos Beatles / Não somos tão fortes, meu Deus / Você sabe que não somos tão fortes [...] (Tradução do autor.) Caetano Veloso, "It's a long way", *Transa* (vinil), Polygram, 1971.

A juventude hedonista

A banda Engenheiros do Hawaii, ícone dos anos 1980-1990, gravou uma música cujo refrão sintetizou bem os anseios da juventude da época: "Nesta terra de gigantes/ que trocam vidas por diamantes/ a juventude é uma banda/ numa propaganda de refrigerante". Ao tomar parte de um momento de formação de ideais, a qual identidade tenderia o jovem contemporâneo comum, distante de qualquer aura de hierofania ou de atos civilizadamente heroicos, às voltas com seu cotidiano corriqueiro? Qual é o tamanho do seu desejo? Os jovens realmente desejam algo? Em artigo na *Folha de S.Paulo*, o psicanalista Contardo Calligaris escreve:

> Nos últimos anos, repetidamente, manifestei certa preocupação com o fato de que os adolescentes de hoje me parecem "desejar pequeno", ou seja, sonhar com projetos "muito razoáveis", se não desanimadores e quase resignados. A adolescência de minha geração, nos anos 1960, era o contrário: sonhávamos com uma grandiosidade ridícula, sem preocuparmo-nos com as condições efetivas de realização de nossos sonhos. Deu no que deu: alguns efeitos bons, outros péssimos. Por exemplo, não conseguimos fazer "a" revolução, mas transformamos os costumes (para melhor, pelo menos até agora). Por outro lado, nossa paixão revolucionária defendeu e sustentou caricaturas sinistras de nossos ideais sociais – ou seja, nossas aspirações, por serem desmedidas, produziram alguns monstros.[23]

A juventude está sendo deixada à beira do caminho pelos interesses mercantis do mundo adulto, para se alimentar do lixo cultural, que resignadamente consome sem parar (substâncias químicas, grifes, baladas, mundos eletrônicos e virtuais, imagens pornográficas e violentas).

---

23 Contardo Calligaris, "Vampiros comportados", *Folha de S.Paulo*, São Paulo: 11 ago. 2011, caderno *Ilustrada*, p. E14.

O velho trio *sexo, drogas e rock'n'roll* ainda vende e atrai, só que agora mais empobrecido e sem a pujança das ideologias. É nessa margem que a indústria cultural recolhe seus clientes preferenciais, alimentando-os com produtos reluzentes, descartáveis e tóxicos. Não obstante, são necessárias novas formas de percepção desses jovens com os elementos ligados ao seu meio. Segundo Herschmann, em afirmação de meados da década de 1990, assistimos ao crescente interesse dos jovens por práticas culturais que se contrapõem às representações e modelos os quais afirmavam que todas as raças e classes sociais conviviam num clima de razoável harmonia:

> A cena cultural vem mudando rapidamente, o que reflete uma crescente insatisfação dos indivíduos com o "regime democrático" que, mesmo reinstalado desde a década de 1980, não conseguiu concretizar de fato a cidadania nem oferecer melhores condições de vida. Entretanto, é preciso ressaltar também a possibilidade de identificar o surgimento de novos patamares e modelos de cidadania. Vimos emergir um tipo de estrutura social que se estrutura menos pela lógica do Estado que pela dos mercados. Em vez de se alicerçarem nas comunicações orais e escritas e/ou se efetuar em interações próximas, essas identidades e identificações operam hoje, fundamentalmente, por meio da produção industrial de cultura: das novas tecnologias de comunicação e do consumo segmentado de bens.[24]

Para Gramsci, todos os homens são filósofos, reivindicando um caráter de filosofia espontânea, conceito inspirado no intelectual orgânico, ao deslocar o lugar de uma filosofia para uma concepção de mundo criticamente coerente e constituída de problemas calcados na realidade, originais em sua atualidade, sem um parâmetro estático da doutrina, mas com uma teoria pronta para acolher e/ou refutar informações.

---

24 Micael Herchsmann, *O funk e o hip-hop invadem a cena*, Rio de Janeiro: UFRJ, 2000, p. 54.

Para acolher o novo e construir hegemonias, a ideologia não deve se fechar sobre si mesma. O fluxo das ideias favorece a hegemonia. Para o filósofo italiano, não existe filosofia dissociada da prática. É preciso haver consentimento e negociação. O campo cultural é o campo de luta pela constituição da hegemonia – complexo de atividades políticas, ideológicas e culturais que organizam a direção política sobre o conjunto na sociedade –, e esta se distingue da mera dominação assentada no uso da força. Busca o caráter político nas ações culturais.

Sobre o significado do conceito de ideologia – "significado mais alto de uma concepção de mundo" –, Gramsci afirma que deve ser examinado historicamente e ser entrelaçado à filosofia de práxis. É uma concepção que está implícita na arte, na atividade econômica e em todas as manifestações vivas individuais e coletivas. Trata-se de uma interpretação do marxismo que valoriza a unidade entre teoria e prática, estrutura e superestruturas, em combate a todas as formas de determinismo.

As ideologias, quando necessárias a determinada estrutura, podem ser consideradas historicamente orgânicas; *organizam* as massas humanas, definem o terreno para a movimentação dos homens, adquirem consciência de sua posição e lutam. Em contrapartida, ao criar movimentos individuais e contraditórios, elas se caracterizam como arbitrárias e racionalistas. No entanto, também são importantes por se caracterizarem como um erro que se contrapõe à verdade e que a afirma. Segundo Bauman, os que vivem no primeiro dos dois mundos-de-vida – embora se encontrem, exatamente como os outros, *no local* – não são *daquele local*:

> As pessoas da "primeira fila" não se identificam com o lugar onde moram, à medida que seus interesses estão (ou melhor, flutuam) em outros locais. Pode-se supor que não adquiriram pela cidade em que moram nenhum interesse, a não ser dos seguintes: serem deixadas em paz, livres para se dedicar completamente aos próprios entretenimentos e para garantir os serviços indispensáveis (não importa como sejam definidos) às necessidades

> e confortos de sua vida cotidiana [...] Eles *não estão interessados*, portanto, nos negócios de "sua" cidade: ela não passa de um lugar como outros e como todos, pequeno e insignificante, quando visto da posição privilegiada do ciberespaço, sua verdadeira – embora virtual – morada.[25]

Para alguns jovens, a conquista do espaço pode ser substituída pela simples passagem, sem a preocupação de deixar marcas. Como na trajetória do personagem João Estrella, envolvido em satisfazer seu vício pela droga, a locomoção é vista como uma mera necessidade de atingir determinado objetivo pessoal, sem a preocupação de construir algo em prol de determinado grupo ou de fortalecer um vínculo familiar; assim, as relações, quando intensas, também são fugazes. Segundo Benjamin,

> Uma embriaguez acomete aquele que longamente vagou sem rumo pelas ruas. A cada passo, o andar ganha uma potência crescente; sempre menor se torna a sedução das lojas, dos bistrôs, das mulheres sorridentes e sempre mais irresistível o magnetismo da próxima esquina, de uma massa de folhas distantes, de um nome de rua. Então vem a fome. Mas ele não quer saber das mil e uma maneiras de aplacá-la. Como um animal ascético, vagueia através de bairros desconhecidos até que, no mais profundo esgotamento, afunda em seu quarto, que o recebe estranho e frio.[26]

Na ótica da juventude contemporânea, retratada no filme *Meu nome não é Johnny*, o futuro deve ser imediato e o presente, fugaz. Numa das cenas, Sofia, a namorada do protagonista, interpretada por Cléo Pires, atende em seu apartamento a uma de suas clientes de tarô. Charlatã ou não, apesar de aparentemente concentrada em sua função, mesmo

---

25 Zygmunt Bauman, *Confiança e medo na cidade*, op. cit., p. 27.
26 Walter Benjamin, *Obras escolhidas III: Charles Baudelaire, um lírico no auge do capitalismo*, op. cit., p. 186.

Previsões de Sofia (Cleo Pires) em *Meu nome não é Johnny*. Misticismo incerto.

diante das interferências atrapalhadas do amado, ela não conseguiu prever o futuro contraditório que os esperava, longe de um final esfuziantemente feliz como as suas aventuras.

A mídia exerce indiscutível influência, principalmente entre os adolescentes, ao expandir padrões de consumo, estimular comportamentos e seduzir capciosamente seu objeto de interesse. Cultua a estética, o prazer e a virilidade como forma de diferenciação entre os *escolhidos*. Para Bauman[27], a publicidade associa os automóveis com a paixão e o desejo, os telefones celulares com a inspiração e a lascívia. Porém, por mais que tentem os comerciantes, a fome que prometem saciar não desaparece. A noção de realidade é posta de lado em detrimento do enaltecer do desejo. As imagens determinam o que se é. E a questão do *parecer* toma proporções que sufocam uma possível essência do indivíduo. Morin sagazmente discorre:

> No encontro do ímpeto do imaginário para o real e do real para o imaginário, situam-se as vedetes da grande imprensa, os olimpianos modernos.

---

27 Zygmunt Bauman, *Vidas desperdiçadas*, op. cit., p. 101.

Esses olimpianos não são apenas os astros de cinema, mas também os campeões, príncipes, reis, *playboys*, exploradores, artistas célebres, Picasso, Cocteau, Dalí, Sagan. [...] Os novos olimpianos são simultaneamente magnetizados no imaginário e no real, simultaneamente ideais inimitáveis e modelos imitáveis; sua dupla natureza é análoga à dupla natureza teológica do herói-deus da religião cristã: olimpianas e olimpianos são sobre-humanos no papel que eles encarnam, humanos na existência privada que eles levam. A imprensa de massa, ao mesmo tempo que investe os olimpianos de um papel mitológico, mergulha em suas vidas privadas a fim de extrair delas a substância humana que permite a identificação.[28]

Diante da falta de rumo generalizada de uma geração sem sentido próprio, em que muitos jovens perdem o rumo, sem identidade com o meio, e buscam desenfreadamente uma lógica que satisfaça às suas mobilidades pessoais, o cinema nacional oferece três exemplos de protagonistas que demonstram perda de relação social com o meio, provenientes de filmes produzidos em diferentes estados: *Nome próprio* (Murilo Salles, 2008), produção carioca em que a personagem Camila (Leandra Leal) se refugia em seu mundo virtual, representado por um *blog* no qual ostenta todo o seu potencial para se tornar uma escritora. Sua vida é sua narrativa. Camila é intensa e corajosa e tem sua literatura como um ato de revelação. Em *Cão sem dono* (Beto Brant e Renato Ciasca, 2006), os cineastas paulistas retratam a vida sem rumo de um adulto que aparenta não ter perdido o vínculo com a adolescência, Ciro (Julio Andrade), um tradutor desempregado que procura um sentido de vida ou um encaixe nela e depara-se com a possibilidade de um amor. Em *A concepção* (José Eduardo Belmonte, 2006), os protagonistas são filhos de diplomatas, que vivem juntos em Brasília; moram numa casa repleta de quinquilharias obtidas nos mais variados cantos

---

28 Edgar Morin, *Cultura de massas no século XX: o espírito do tempo*, op. cit., v. 1: Neurose, pp. 105-106.

do mundo e levam uma vida entediada. Isso prevalece até que surge em suas vidas uma pessoa sem nome e sem passado, que se chama X, e propõe viver um dia sem qualquer impedimento. Sobre o comportamento do movimento juvenil contemporâneo, Hall afirma que

> a sociedade contemporânea em seu sistema de interação com vários recursos funcionais com ênfase na sobrevivência acirrada entre os seus membros absorve jovens que cada vez mais são incumbidos a estarem aptos a interagir com as suas vicissitudes, geralmente com desamparo ideológico e várias cobranças de valores e grandes feitos. Como estar preparado para cumprir a missão no jogo? Cumprir as tarefas? Qual o castigo pelo fracasso? A juventude experimenta inúmeros estilos de vida. Ela trafega por diferenciações sucessivas, mas que buscam sempre quebras de paradigmas a fim de construir "mundos melhores". O movimento juvenil que está sendo delineado nesse início do século XXI é direcionado para identidades abertas, contraditórias, fragmentadas, negociadas.[29]

A presença do jovem na sociedade contemporânea é geralmente estabelecida por uma natureza simbólica e transitória, guiada pela emoção. Sua trajetória de vida não corresponde a uma linearidade previsível. Os meios de comunicação banalizam o estado de consumo e violência, compensando falsamente carências e frustrações. Parece existir uma argumentação que rejeita a ótica de uma responsabilização individual e de possibilidades de negociação no âmbito de relacionamentos que proponham vínculos duradouros. Por isso, convém promover discussões sobre a prática de representações de grupos juvenis aptos a abrigar mudanças de comportamentos sociais e conquistas de espaços coletivos, bem como manifestações culturais – como o cinema – capazes de retratar dramas com alternativas para *finais* bem-sucedidos.

---

29 Stuart Hall, *A identidade cultural na pós-modernidade*, op. cit., p. 46.

Instantes do agora, porque o tempo não para

capítulo 5

Ao tentar desbravar o terreno arenoso da produção cinematográfica brasileira protagonizada por jovens, admirei-me com a infinidade de fabulações díspares sobre a presença desses seres inquietos na tela gigante da sala escura. No entanto, nem todas as ideias escaparam da armadilha de imbricar o protagonista em roteiros medíocres ou em fórmulas desgastadas, herdeiras de descartáveis conteúdos televisivos ou mais recentemente, do humor efêmero proveniente da internet. Além disso, não deixou de ser frustrante ver retratada na película a carência de conteúdos distantes dos sofismas de sempre.

Com a análise da filmografia nacional para esta publicação e observação da produção posterior aos filmes aqui estudados – centrado em protagonistas juvenis na metrópole com certo viés transgressor –, percebi que a produção recente, a partir de 2011, foi fomentada por olhares distintos e diversas concepções de abordagem sobre as juventudes.

As novas histórias sobre jovens focadas pelas lentes da câmera nacional são compostas por obras que acompanham o viés de sexualidade e gênero, primam por uma excruciante busca pelo autoconhecimento, documentam a carência de políticas públicas, desnudam desestruturas familiares ou celebram afirmações de poder e/ou desvios sociais. Determinados títulos foram selecionados em festivais nacionais e internacionais, uns celebrados pelas mídia e crítica especializada e outros com pífio retorno de público e bilheteria.

O gênero documentário acolheu produções que valorizam vozes de jovens em várias frentes, como relatos da vida de estudantes e suas visões de futuro (*Últimas conversas*, 2015, direção: Eduardo Coutinho); problematizações do ensino público no país (*Nunca me sonharam*, 2017, direção: Cacau Rhoden) e questões urgentes sobre a juventude negra (*Raça – Um filme sobre a igualdade*, 2012, direção: Joel Zito Araújo e Megan Mylan).

Filmes baseados em programas de portais da web, como o *Porta dos Fundos*, ou com a presença de *youtubers*[1], tentaram explorar o filão dos inúmeros seguidores virtuais, porém com pouco êxito em bilheterias. São aqui citados como exemplos: *Contrato vitalício* (2015, direção: Ian SBF); *Internet – O filme* (2016, direção: Filippo Capuzzi Lapietra) e *Eu fico loko – O filme* (2017, direção: Bruno Garotti).

Baseado no estudo realizado anteriormente em minha dissertação de mestrado, e buscando atualizar o leitor sobre as produções nacionais mais recentes, imbricadas com parte da linha de pesquisa proposta, merecem ser citados os seguintes títulos inseridos em alguns subtemas:

Deslocamentos/Busca de identidade

Filmes que denotam o desconforto do jovem protagonista com o seu estar na sociedade provocando a sua ruptura com o meio em busca do seu "lugar no mundo".

Ausência[2], 2015 (direção: Chico Teixeira)

Acompanhamos a vida de Serginho, um adolescente de 14 anos que cuida de seu irmão mais novo e de sua mãe alcoólatra. O único adulto com quem tem um relacionamento de afeto é o professor Ney.

---

1 Usuários da plataforma YouTube, que usam a internet como fonte de liberdade alternativa para expor suas opiniões sobre os acontecimentos, mostram seu cotidiano, partilham conhecimento, entretêm-se, falam sobre o comportamento dos jovens e, geralmente, de maneira acidental, se tornam formadores de opinião e referências para parte da sociedade.

2 Vencedor de melhor filme e direção no Festival de Gramado de 2015.

***Boa sorte*, 2014 (direção: Carolina Jabor)**
Retrata o jovem João, que tem uma série de problemas comportamentais. Quando é diagnosticado com depressão, seus familiares decidem interná-lo em uma clínica psiquiátrica onde se envolve com uma paciente HIV positivo e dependente química.

***Califórnia*, 2015 (direção: Marina Person)**
Ambientado no início dos anos 1980, narra a história de Estela, uma adolescente de classe média que vive os conflitos típicos da idade, de identidade, amizade e amor. Ela vê seu plano de visitar o tio na Califórnia ruir quando descobre que ele está voltando para o Brasil, debilitado por uma doença.

***Casa grande*[3], 2015 (direção: Fellipe Barbosa)**
Conta momentos da vida de Jean, cujos pais eram da alta burguesia carioca e vão à falência, quando ele tem que enfrentar pela primeira vez a realidade.

***Entre abelhas*, 2015 (direção: Ian SBF)**
Situações estranhas acontecem na vida de Bruno, um jovem de quase 30 anos que acaba de se separar da mulher. Ele percebe que as pessoas ao seu redor estão desaparecendo só para ele, que tenta se adaptar a esse novo mundo.

***O filme da minha vida*, 2017 (direção: Selton Mello)**
Conta os infortúnios do jovem Tony, que decide retornar a sua cidade natal no sul do país após os estudos. Ao chegar, ele descobre que seu pai voltou para a França alegando sentir falta do seu país de origem. Ele acaba se tornando professor, em meio aos conflitos e inexperiências juvenis.

---

3 Prêmio Festival do Rio 2014, melhor filme (júri popular). Participou de vários festivais internacionais (Roterdã, San Sebastian, Bafici, Taipei, BFI London, Jeonju, entre outros), tendo sido premiado em Toulouse (prêmio do público e dois prêmios da crítica – francesa e Fipresci) e na Dinamarca (menção honrosa do júri).

Ponto zero, 2015 (direção: José Pedro Goulart)
Foca o cotidiano de Ênio, jovem introspectivo de 14 anos que está envolvido em uma claustrofóbica cena familiar. Convive com os pais em crise e a busca de satisfazer suas próprias inquietações.

Questões sociais/urbanas
Filmes que retratam a presença e a voz do jovem contemporâneo convivendo e/ou questionando ativamente a sociedade em que vive.

Depois da chuva[4], 2013 (direção: Cláudio Marques e Marília Hughes)
No ano de 1984, quando a ditadura militar se enfraquece, dois jovens baianos de 16 anos começam a perceber que estão vivendo uma fase importante do país. A descoberta do contexto político, com as eleições diretas para presidente, mistura-se às descobertas sexuais e ao fim da adolescência.

A frente fria que a chuva traz, 2016 (direção: Neville D'Almeida)
Liderados por Alison, um grupo de jovens ricos aluga com frequência uma laje na favela carioca do Vidigal, onde costuma organizar festas regadas a muita bebida e drogas. O local pertence a Gru, que sonha em fazer parte daquela realidade. Amsterdã é uma jovem que se infiltra nas festas dos ricos para conseguir drogas.

Que horas ela volta?[5], 2015 (direção: Anna Muylaert)
A pernambucana Val deixou a filha Jéssica no interior de Pernambuco para ser babá de Fabinho, morando integralmente na casa de seus patrões em

---

4 Foi exibido como *work in progress* nos festivais de Cannes e Bafici, e depois selecionado na competição oficial do Festival de Brasília de 2013. Venceu o Harlem International Film Festival de 2014, realizado em Nova York, na categoria melhor filme estrangeiro.
5 Prêmio do público de melhor ficção na Mostra Panorama do Festival de Berlim de 2015. Prêmio especial do júri do Festival de Sundance pela atuação para Regina Casé e Camila Márdila. Escolhido pelo Ministério da Cultura como candidato oficial do Brasil a concorrer ao Oscar de 2016 de melhor filme estrangeiro.

São Paulo. Treze anos depois, o menino vai prestar vestibular e sua filha chega com o intuito de prestar a mesma prova. Quando ela deixa de seguir certos protocolos na casa dos patrões da mãe, a situação se complica.

Se Deus vier que venha armado, 2015 (direção: Luís Dantas)
Após ser liberado temporariamente da prisão, um presidiário tem 72 horas para visitar o seu irmão, encontrar um amigo de infância e estar com uma mulher. Entretanto, ele também tem uma missão a cumprir para os chefes do crime.

Afloramento da sexualidade
Produções que abordam, com sensibilidade, a descoberta da sexualidade ou novas possibilidades afetivas entre os jovens.

Os 3, 2011 (direção: Nando Olival)
Cazé, Camila e Rafael chegaram há pouco tempo em São Paulo e passam a morar juntos, durante todo o período da faculdade. Até que surge uma inusitada proposta: estrelarem um *reality show* em sua própria casa, baseado num trabalho que apresentaram na faculdade.

Beira-mar[6], 2015 (direção: Filipe Matzembacher e Marcio Reolon)
Relata a viagem de Martin e Tomaz para o litoral gaúcho. Os dois acabam se abrigando em uma casa de vidro à beira-mar, a fim de fugir da rejeição familiar de Martin, e acabam percebendo novas emoções.

Fala comigo[7], 2016 (direção: Felipe Sholl)
Diogo, 17 anos, sente prazer ao ligar para as pacientes de sua mãe, que

---
6 Exibido no Festival Internacional de Cinema de Berlim de 2015 e no Festival de Cine de Guadalajara, Frameline, Uppsala ISFF, Festival de Cinema Luso-Brasileiro de Santa Maria da Feira, Inside Out — Toronto LGBT IFF. Prêmio de melhor longa-metragem na Mostra Novos Rumos do Festival do Rio.
7 Filme premiado no Festival de Cinema do Rio 2016 como melhor longa-metragem e atriz (Karine Telles).

é terapeuta. Ao ligar para Ângela, uma mulher de 43 anos que acaba de se separar do marido, os dois iniciam uma complicada relação que atinge novos rumos.

Hoje eu quero voltar sozinho[8], 2014 (direção: Daniel Ribeiro)
Acompanha a trajetória de Leonardo, um adolescente cego, que lida com a mãe superprotetora ao mesmo tempo em que busca ser independente. Quando um novo colega chega à escola, novos sentimentos fazem com que ele descubra mais sobre si mesmo e sua sexualidade.

Questões de gênero/Comportamentos não convencionais
Histórias que retratam novos olhares sobre a questão de como o jovem se vê e/ou outras formas de manifestar a sua sexualidade.

Bruna Surfistinha, 2011 (direção: Marcus Baldini)
Baseado em fatos reais, narra a história de Raquel, uma jovem da classe média paulistana, que resolve virar garota de programa, vivendo diversas experiências "profissionais" e ganhando destaque nacional ao contar suas aventuras sexuais e afetivas num *blog*, que depois acabou virando um livro.

Corpo elétrico[9], 2017 (direção: Marcelo Caetano)
Retrata Elias, um jovem paraibano que trabalha em uma confecção no centro de São Paulo. Ele mantém pouco contato com a família e passa seus dias entre o trabalho e os encontros com outros homens. Fica cada vez mais próximo dos colegas da fábrica e conhece um grupo com novas configurações de gênero.

Elvis & Madona, 2011 (direção: Marcelo Laffitte)
A jovem Elvis é lésbica e sonha ser fotógrafa, mas trabalha como

---

8 Escolhido pelo Ministério da Cultura como candidato oficial do Brasil a concorrer ao Oscar de 2015 de melhor filme estrangeiro.
9 O filme foi selecionado pro Festival de Roterdã de 2017.

entregadora de pizza. Madona é uma travesti que trabalha como cabeleireira. Entre as duas surge um sentimento mais forte que a amizade.

***Mãe só há uma*[10], 2016 (direção: Anna Muylaert)**
Conta a história de Pierre, um jovem de classe média que, aos 17 anos, descobre que foi roubado quando bebê. Seus parentes biológicos o conhecem como Felipe e ele se encontra num dilema. Ao mesmo tempo que vê a vida familiar se desestruturar, ele começa a sentir o afloramento da sexualidade ao se aventurar com garotos e garotas e gostar de usar roupas femininas.

Nos filmes apresentados, floresce a percepção de que os jovens sujeitos, ficcionais ou não, servem-se de suas experiências de angústias, decepções, descobertas e "trocas de pele" para abrir atalhos a caminhos outrora inexistentes e/ou sedimentar relações arejadas, antes classificadas como improváveis. Após contextualizar a produção cinematográfica posterior aos filmes por mim estudados neste livro, verifico que, mesmo com as obras memoráveis citadas, o arco da pesquisa se mantém fincado nos dois filmes de méritos distintos inicialmente focados – *Pixote* (1980) e *Meu nome não é Johnny* (2010) –, pela estrutura de caráter inquieto e transgressor dos seus protagonistas; a maestria das interpretações; a relevância do contexto histórico; a intensa relação com a metrópole; a presença de elementos oníricos e, por fim, pelo preciso caráter de conduta e denúncia social em momentos ímpares. Encerro aqui este prazeroso quadro fielmente aliado ao espírito motor das juventudes e em comunhão ao pensamento de Deleuze[11]: jamais interprete, experimente.

---

10 A revista alemã *Männer* concedeu o prêmio Teddy à cineasta brasileira Anna Muylaert pelo filme *Mãe só há uma*. O Teddy Awards é considerado a premiação oficial do público LGBT no Festival de Berlim.
11 Gilles Deleuze, filósofo francês (1925-1995).

Considerações finais

A pesquisa que resultou neste livro teve como impulso o desejo de estudar determinados relacionamentos e posturas dos jovens, não reconhecidos no interior de um pacto social e sujeitos a condutas desviantes, tendo a cidade como cúmplice de ações e alicerce de contatos. Optar pelo mestrado em Ciências Sociais foi uma forma de assumir uma até então camuflada motivação para realizar um contato mais aprofundado com esse universo efervescente e, assim, conseguir perceber o que motiva as ações do jovem. Como indivíduo em transição, na busca incessante de estabelecer o equilíbrio entre seus valores (nem sempre reconhecidos) e as ordens impostas (nem sempre obedecidas), ele por vezes assume comportamentos impensados e passíveis de transgressões.

O cinema constitui um instrumento de pensamento e mediação, pois catalisa o registro e o questionamento de realidades e documenta uma época. Como força capaz de fundir imagem e som, aliada à dimensão de determinado ponto de vista, essa arte pode ajudar a responder a questionamentos provenientes das esferas políticas e sociais. De acordo com Ismail Xavier, "cada filme define um modo particular de organizar a experiência em discurso, sendo um produto de múltiplas determinações"[1]. Sobre esta questão o escritor Italo Calvino discorre:

---

1 Ismail Xavier, *Sertão Mar: Glauber Rocha e a estética da fome*, São Paulo: Cosac Naify, 2007, p. 16.

No cinema, a imagem que vemos na tela também passou por um texto escrito, foi primeiro "vista mentalmente" pelo diretor, em seguida reconstruída em sua corporeidade num *set*, para ser finalmente fixada em fotogramas de um filme. Todo filme é, pois, o resultado de uma sucessão de etapas, imateriais e materiais, nas quais as imagens tomam forma; nesse processo, o "cinema mental" da imaginação desempenha um papel tão importante quanto o das fases de realização efetiva das sequências, de que a *câmera* permitirá o registro e a *moviola* a montagem. Esse "cinema mental" funciona continuamente em nós – e sempre funcionou, mesmo antes da invenção do cinema – e não cessa nunca de projetar imagens em nossa tela interior.[2]

O percurso desta pesquisa consistiu na tentativa de elucidar a presença do jovem transgressor no cinema brasileiro, no período de 1980 a 2010, elencando filmes que focassem a trajetória de sujeitos à deriva, porém passíveis de realizar atos heroicos, ainda que de maneira tortuosa e transversal, entendendo por transgressão a criação de um novo estado de espírito em confronto com a sociedade. Feita a seleção das películas de acordo com alguns pré-requisitos, chegou-se a dois momentos emblemáticos de décadas distintas, mas que compartilham protagonistas ímpares quanto à personalidade e ao atrito social. *Pixote: a lei do mais fraco* (1980) e *Meu nome não é Johnny* (2008) são produções que revelam o registro de uma época e dão destaque a personagens jovens, separados por um espaço de tempo de quase trinta anos, em forte relação com a metrópole, fagocitando outros sabores ao transitar por uma cidade que não descansa nem interrompe seu poder de sedução e corrompimento.

Nada na cidade se apresenta como o que não se modifica, nela não existe fixidez. Suas mudanças e gradações compõem um ambiente urbano animado

---

2 Italo Calvino, *Seis propostas para o próximo milênio: lições americanas*, trad. de Ivo Barroso, São Paulo. Companhia das Letras, 1990. p. 141.

por apropriações e desapropriações do espaço justificadas em função de escolhas que consideram o que é necessário para a manutenção da vida em seus diversos níveis de solicitação. A cidade se estrutura nessa dinâmica, com ritmos oscilatórios entre estados de profunda excitação e de depressão, mediada por um dia a dia habitual no qual o cotidiano se desenvolve.[3]

A mitologia, segundo Campbell[4], lida com o amadurecimento do indivíduo e está presente na relação do homem consigo mesmo, com a natureza e com o mistério do universo. Existem aventuras em que o herói se empenha intencionalmente e outras em que é lançado. A função psíquica do mito está presente no desenvolvimento do indivíduo desde a sua infância; a religião sensibiliza o seu caminho estando presente em seu imaginário. Algumas produções brasileiras inspiraram-se numa origem mitológica para desenvolver seu roteiro, como *Orfeu negro* (1956) e *Os doze trabalhos* (2007). Alguns heróis, no entanto, provêm de um contexto de valores econômicos e de alienação de uma cultura de massas, apresentando características não convencionais, passíveis de atitudes repreensíveis. Embora se distanciem das características de um vilão, tais heróis são dotados de qualidades duvidosas ao priorizar interesses específicos, como o herói preguiçoso visto em *Macunaíma* (1969) e o ambicioso Paulo de *São Paulo, Sociedade Anônima* (1965).

No decorrer do processo, procuramos compreender as noções de *adolescência* e *juventude*, com suas características individuais ainda indeterminadas, inquietas formas de iniciações e concepções de mundo embrionárias. A juventude, como questão social no Brasil, no início do século, era concebida como etapa problemática da vida; no meio do século, passou a ser considerada fase transitória para a

---

3 Marlivan Moraes de Alencar, *Imagens da metrópole no cinema brasileiro, op. cit.*, p. 316.
4 Joseph Campbell. *O poder do mito, op. cit.*

vida adulta; a partir dos anos 1980, assumiu o *poder de voz* como ator estratégico para o desenvolvimento e, finalmente, ao final do século, assumiu o posto de sujeito de direitos. Perceber as relações sociais e as transformações na cidade nesse período favoreceu a tentativa de justificar a presença dos *jovens transgressores* nos filmes em questão, híbridos de gêneros – entre drama, melodrama, denúncia social e aventura –, com seu caráter de denúncia social e o cruzamento de indivíduo e sociedade, abarcando, em análise detalhada, momentos de aproximação e distanciamento em forma e conteúdo.

Para Bauman, o jovem pertence ao grupo dos indefiníveis, em que qualidades e características historicamente constituídas para esse grupo acabam sendo administradas de outra forma. "Eles acabam não sendo nem uma coisa nem outra. Nem a possibilidade dos 'adultos', nem a displicência dos 'jovens'."[5] Sobre essa questão, Pierre Bourdieu afirma:

> Para saber como se recortam gerações é preciso conhecer as leis específicas; funcionamento do campo, os objetos de luta e as divisões operadas por esta luta ("Nouvelle Vague", "novo romance", "novos filósofos", "novos juízes", etc.). Isto é muito banal, mas mostra que a idade é um dado biológico socialmente manipulado e manipulável; é que o fato de falar dos jovens como se fossem uma unidade social, um grupo constituído, dotado de interesses comuns, e relacionar estes interesses a uma idade definida biologicamente já constitui uma manipulação evidente. Seria preciso pelo menos analisar as diferenças entre as juventudes.[6]

No decorrer da pesquisa, relembramos os protagonistas rebeldes de produções mundiais de cineastas renomados como François Truffaut

---

5 Zygmunt Bauman, *Modernidade e ambivalência*, Rio de Janeiro: Jorge Zahar, 1999, p. 69.
6 Pierre Bourdieu, *Questões de sociologia*, op. cit., p. 2.

(*Os incompreendidos*, 1959), Stanley Kubrick (*Laranja mecânica*, 1971) Francis Ford Coppola (*O selvagem da motocicleta*, 1983) e Gus Van Sant (*Elefante*, 2003), observando os registros de ações contemporâneas e dramáticas, protagonizadas por sujeitos de épocas distintas em sequências alternadas de enfrentamento e submissão ao sistema. Eles chegam a situações-limite, tentando sobreviver num ambiente que diverge do atávico ou embrenhando-se em aventuras para mera realização pessoal como forma de apaziguar anseios adolescentes, divididos entre o desejo de assumir ares adultos, ao mesmo tempo que satisfazem seus impulsos infantis. Sobre a efervescência e as incertezas do pensamento adolescente, Morin discorre:

> É preciso esperar o Chérubin do *Mariage de Figaro* e o jovem Werther para que efetivamente tome forma um personagem verdadeiramente novo, incerto, instável, contraditório, não criança de um lado e adulto de outro, mas conjugando num estado confuso as virtualidades das duas idades. A partir daí, a adolescência vai expressar-se diretamente, levando à poesia a sua dimensão moderna. Shelley, Novalis, Rimbaud expressam os segredos da adolescência; desde os *Pensamentos* de Pascal e as *Confissões* de Rousseau, adolescente retardado, nunca a essência contraditória, nunca as verdades profundas da vida humana haviam sido a tal ponto formuladas – obscuramente formuladas com todas as verdades profundas. Esses adolescentes de gênio são calcinados por seu fogo interior ou fulminados pela vida. Sua mensagem nos revela que é, de fato, na adolescência, que se acham concentradas todas as verdades que se dispersam durante o encaminhamento do homem.[7]

No final da primeira década deste século, curiosamente, vinga uma série de filmes voltados para o público jovem, como *As melhores coisas do mundo* (2009), *Os famosos e os duendes da morte*, *A alegria* e

---

7 Edgar Morin, *Cultura de massas no século XX: o espírito do tempo*, op. cit., v. 1: Neurose, p. 154.

Antes que o mundo acabe (todos de 2010), produzidos isoladamente, com perfis distintos e vindos de estados diferentes, mas quase todos realizados por diretores estreantes em longas-metragens e que de certa forma anunciam determinada atenção e delicadeza com o universo da adolescência. Ainda que não intencionalmente, remetem ao período das produções da década de 1980, como *Deu pra ti anos 70* (1981), *A cor do seu destino* (1986) e *Um trem para as estrelas* (1987).

Neste estudo, perguntamo-nos qual linha paralela seria possível traçar entre os dois protagonistas dos filmes escolhidos, João Estrella e Pixote, dentro do seu tempo histórico, observando o que existe de similar e particular em suas trajetórias de delinquência juvenil. Procuramos saber como se estabelece o conceito de herói atual e como se situam as vicissitudes do jovem transgressor contemporâneo apresentado nos filmes. Constatamos que, em *Pixote*, o jovem protagonista transgride determinadas leis de conduta por uma questão de defesa e sobrevivência num ambiente hostil e marginal, transitando em seara alheia, em disputa vertical por passagem, e lutando inutilmente para ser reconhecido e corresponder às expectativas do meio que o corrompe e tenta fagocitá-lo. De acordo com Edgar Morin, percebe-se que ele age como um indivíduo privado de passado, que não lhe fornece sabedoria, e que deseja consumir a própria vida valorizando o presente. O personagem principal de *Meu nome não é Johnny* também é afetado pelo entorno, mas, ao contrário do *menino de rua*, age como sujeito soliloquista que, através de uma conduta horizontal, busca o caminho da transgressão por conta própria, seduzindo e sendo seduzido pelo perigo disfarçado de poder e prazeres pessoais. Zygmunt Bauman[8] ajuda-nos a entender que ele age como as pessoas da *primeira fila*, que não se identificam com o lugar onde moram e querem ser deixadas em paz para se dedicar aos próprios entretenimentos. Ambos os personagens estão inseridos em grupos que seguem um modelo de ação autocentrado, julgando que

---

8 Zygmunt Bauman, *Confiança e medo na cidade*, op. cit.

esse é o comportamento ideal para impor sua fome de desejos, mesmo se contrapondo ao seguro e formatado grupo dos adultos. A relação da juventude com os espaços implica determinadas condutas sociais que mobilizam as questões da identidade, alteridade e coletividade, vinculadas com o tempo em práticas individuais e coletivas repletas de inquietudes e distantes de um clima ameno. Os jovens contemporâneos destacam-se pelo tipo de comportamento e apropriação do território (físico e/ou virtual), na busca pela inserção em grupos distintos, eleitos pela identificação de posturas comportamentais, regida pelo fragmento da modernidade que pode beirar o arbitrário.

Com a identificação dos símbolos e os trâmites sociais presentes no enredo dos protagonistas, torna-se relevante investigar o cinema como explorador de um fato real e sua imposição como linguagem artística, em sua capacidade de balancear imagens e impulsionar o pensamento para além da tela. A forma aberta e errática com que a narrativa adensa a trajetória dos personagens secciona também outras possibilidades de destinos. Cabrera[9] revela que as imagens cinematográficas podem produzir problematizações filosóficas tão contundentes quanto as veiculadas pela escrita:

> Os conceitos-imagem do cinema procuram produzir em alguém (um alguém sempre muito indefinido) um *impacto emocional* que, ao mesmo tempo, diga algo a respeito do mundo, do ser humano, da natureza, etc. e que tenha um valor cognitivo, persuasivo e argumentativo através de seu componente emocional. Não estão interessados, assim, somente em passar uma informação objetiva nem em provocar uma pura explosão afetiva por ela mesma, mas em uma abordagem que chamo aqui de *logopática*, lógica e pática ao mesmo tempo.[10]

---

9 Julio Cabrera, *O cinema pensa: uma introdução à filosofia através dos filmes*, Rio de Janeiro: Rocco, 2006, p. 17.
10 *Ibidem*, p. 22.

O ângulo de abordagem dos dois filmes – de valores próprios e méritos distintos –, que a princípio poderia suscitar contradições, revela múltiplas facetas de um mesmo caminho de captação de uma realidade urbana, centrado no potencial do cinema, aliado ao poder de representar uma época e uma geografia. Além disso, leva à nossa alma coletiva o fator onírico, sonhador, desafiando a plateia a conhecer a trajetória pusilânime de uns *quase heróis* de qualidades recônditas, uns certos transgressores em fita nacional e, portanto, mais próximos de nossos costumes e problemas – verdadeiros, impetuosos, frágeis, de atitudes comezinhas –, que bem poderiam morar na esquina de nossa casa. Desse plano imaginário emerge também, pela lente da câmera, um novo olhar para a realidade de relações trôpegas de rua, de uma cultura de medo e violência, conceitos reducionistas, uma classe média perdida em valores e um submundo agonizante.

> Discute-se muito a propósito do que deve ser o conteúdo de um filme: devemos nos ater ao desenvolvimento ou informar o público sobre os grandes problemas sociais do momento? Fujo dessas discussões como o diabo da cruz. Acho que todas as individualidades devem se exprimir e que todos os filmes são úteis, sejam formalistas ou realistas, barrocos ou engajados, trágicos ou ligeiros, modernos ou obsoletos, em cores ou em preto e branco, em 35 mm ou em super-8, com estrelas ou desconhecidos, ambiciosos ou modestos. [...] Só conta o resultado, isto é, o bem que o diretor faz a si próprio e o bem que faz aos outros.[11]

Este trabalho deu-nos a oportunidade de dialogar com o pensamento de filósofos e pesquisadores contemporâneos, como Edgar Morin, Joseph Campbell, Claude Lévi-Strauss e Mircea Eliade, que nortearam a travessia com os mitos; Michel de Certeau, Zygmunt Bauman e Marc Augé, que estabeleceram noções de espaço e convivência

---

11 François Truffaut, *O prazer dos olhos: textos sobre cinema*, op. cit., p. 329.

na metrópole; Nestor Garcia Canclini e Michel Maffesoli, que iluminaram posturas de cidadãos e tribos; Luis Antonio Groppo, Contardo Calligaris e Helena Abramo, que mostraram caminhos para entender a adolescência; Ismail Xavier, pela fonte de saber sobre o cinema, e Walter Benjamin, pelo pensamento e construção crítica. Além disso, artigos, críticas e resenhas das produções cinematográficas em questão orientaram a identificação dos símbolos e valores sociais do cotidiano dos protagonistas e seu envolvimento/enquadramento nos produtos pertinentes à cultura de massa, mais precisamente o cinema. Por fim, reiteramos que a intenção de realizar este estudo fundamentou-se na afirmação de Morin:

> Ao estudar o cinema, não estudei apenas o cinema: continuei a estudar o homem imaginário. Além do mais, considero o cinema, não como um objecto periférico, acessório, ou mesmo risível (os meus colegas riam-se quando eu lhes dizia que ia "trabalhar" no cinema), mas como um objecto privilegiado para uma antropo-sociologia séria, porque coloca um nó górdio de questões fundamentais.[12]

Muitas questões e premissas emergiram no percurso desta pesquisa, em que um universo labiríntico se configurava cada vez mais entre juventudes, heróis, metrópole, panorama cultural e políticas públicas. No entanto, por questões metodológicas, brevidade de tempo e outros limites, nem toda a curiosidade pôde ser contemplada com elucidações e o que se apresentou aqui foi uma tentativa de desbravar vontades num recorte pelo olhar da antropologia e do cinema. Nesta conclusão, algumas dúvidas se dissiparam e outras tantas persistem, mas não é mesmo assim o cotidiano da vida? Permanece, então, a vontade de dar continuidade a este caminho em etapa futura, não muito distante.

---

12 Edgar Morin, *O cinema ou o homem imaginário: ensaio de antropologia*, op. cit., p. 20.

Agradecimentos

Agradeço à minha sábia e inquieta orientadora de mestrado, Silvia Helena Simões Borelli, a Silvinha, pela presença e incentivo, por me mostrar que sempre "é possível" desde a noite em que cheguei a sua sala, inseguro, com uma ideia ainda incipiente, tendo como possível objeto de estudo o universo de heróis, anti-heróis, mitos e juventude, que pouco a pouco foi tomando vulto para destrinçar outros desafios.

Aos professores Carlos Pereira Gonçalves, Edmilson Felipe da Silva e Marlivan Moraes de Alencar, pelas dicas preciosas.

Aos colegas de vários setores e Unidades do Sesc, pelo apoio e parceria.

À Regiane Lucio, que iniciou comigo a travessia junto aos jovens.

Ao Murilo Carvalho, pela cumplicidade na rotina e nos sonhos.

Enfim, a todos que me acompanham neste "roteiro" de cenas diárias, com muito carinho e gratidão, o meu caloroso obrigado!

Referências bibliográficas

ABRAMO, Helena Wendel. "Condição juvenil no Brasil contemporâneo". Em: ABRAMO, Helena Wendel.; BRANCO, Pedro Paulo Martoni (org.). *Retratos da juventude brasileira: análises de uma pesquisa nacional*. São Paulo: Fundação Perseu Abramo e Instituto de Cidadania, 2005.

ADORNO, Theodor W.; HORKHEIMER, Max. "A indústria cultural: o esclarecimento como mistificação das massas". Em: ADORNO, Theodor W.; HORKHEIMER, Max. *A dialética do esclarecimento*. Trad. de Guido Antonio de Almeida. Rio de Janeiro: Zahar, 1985.

ALENCAR, Marlivan Moraes de. *Imagens da metrópole no cinema brasileiro*. 350 folhas. Tese (Doutorado em Ciências Sociais) – Pontifícia Universidade Católica, São Paulo, 2008.

ALMEIDA, Manuel Antônio de. *Memórias de um sargento de milícias*. Rio de Janeiro: Instituto Nacional do Livro/MEC, 1969.

ALMEIDA, Marco Antonio. "O cinema policial no Brasil: entre o entretenimento e a crítica social". *Cadernos de Ciências Humanas*. Santa Catarina: 2007, v. 10, n. 17.

AMADO, Jorge. *Capitães da areia*. São Paulo: Companhia das Letras, 2008.

APPADURAI, Arjun. *Dimensões culturais da globalização: a modernidade sem peia*. Trad. de Telma Costa. Lisboa: Teorema, 2004.

ARATANGY, Lidia Rosenberg. *Doces venenos: conversas e desconversas sobre drogas*. São Paulo: Olho d'Água, 1991.

ARAÚJO, Inácio. *Cinema: o mundo em movimento*. São Paulo: Scipione, 1995.

AUERBACH, Erich. *Mimesis: a representação da realidade na literatura ocidental*. Trad. de George Bernard Sperber. São Paulo: Perspectiva, 1994.

AUGÉ, Marc. *Não-lugares: introdução a uma antropologia da sobremodernidade*. Trad. de Lúcia Mucznik. Lisboa: Bertrand, 1994.

_____. *A guerra dos sonhos: exercícios de etnoficção*. Trad. de Maria Lúcia Pereira. Campinas: Papirus, 1998.

BABENCO, Hector. [1980]. Rio de Janeiro: *Revista de Cinema*, n. 5. Entrevista concedida a Sylvia Bahiense Naves, Carlos Roberto de Souza e Cláudio Roberto Poles.

BAKHTIN, Mikhail. *Questões de literatura e estética: a teoria do romance*. Trad. de Aurora F. Bernadini *et al*. São Paulo: Editora da Unesp, 1998.

BALANDIER, Georges. *O poder em cena*. Trad. de Luiz Tupy Caldas de Moura, Brasília: Editora Universidade de Brasília, 1982.

BARTHES, Roland. *Mitologias*. Trad. de Rita Buongermino e Pedro de Souza. Rio de Janeiro: Bertrand Brasil, 1999.

BAUMAN, Zygmunt. *Modernidade e ambivalência*. Trad. de Marcus Penchel. Rio de Janeiro: Zahar, 1999.

_____. *Modernidade líquida*. Trad. de Plínio Dentzien. Rio de Janeiro: Zahar, 2001.

_____. *Amor líquido: sobre a fragilidade dos laços humanos*. Trad. de Carlos Alberto Medeiros. Rio de Janeiro: Jorge Zahar, 2004.

_____. *Vidas desperdiçadas*. Trad. de Carlos Medeiros. Rio de Janeiro: Zahar, 2005.

_____. *Vida líquida*. Trad. de Carlos Alberto Medeiros. Rio de Janeiro: Zahar, 2007.

_____. *Confiança e medo na cidade*. Trad. de Eliana Aguiar. Rio de Janeiro: Zahar, 2009.

BENJAMIN, Walter. "A obra de arte na era de sua reprodutibilidade técnica". Em: BENJAMIN, Walter. *Obras escolhidas I: Magia e técnica, arte e política*. Trad. de Sérgio Paulo Rouanet. São Paulo: Brasiliense, 1987.

_____. *La metafísica de la juventud*. Trad. de Ana Lucas. Barcelona: Paidós, 1993.

_____. *Obras escolhidas I: Magia e técnica, arte e política*. Trad. de Sérgio Paulo Rouanet. São Paulo: Brasiliense, 1994.

_____. *Obras escolhidas II: Rua de mão única*. Trad. de Rubens Rodrigues Torres Filho e José Carlos Martins Barbosa. São Paulo: Brasiliense, 1987.

_____. *Obras escolhidas III: Charles Baudelaire, um lírico no auge do capitalismo*. Trad. de José Carlos Martins Barbosa e Hemerson Alves Baptista. São Paulo: Brasiliense, 1994.

_____. *Passagens*. Trad. de Irene Aron e Cleonice Mourão. Belo Horizonte: Editora UFMG; São Paulo: Imprensa Oficial do Estado de São Paulo, 2006.

BERMAN, Marshall. *Tudo que é sólido desmancha no ar: a aventura da modernidade*. Trad. de Carlos Felipe Moisés e Ana Maria L. Ioriatti. São Paulo: Companhia da Letras, 1986.

BETTELHEIM, Bruno. *A psicanálise dos contos de fadas*. Trad. de Arlene Caetano. São Paulo: Paz e Terra, 2008.

BIRMAN, Joel. "Adolescência sem fim? Peripécias do sujeito num mundo pós-edipiano". Em: CARDOSO, Marta Resende; MARTY, François (org.). *Destinos da adolescência*. Rio de Janeiro: 7 Letras, 2008.

_____. "Ser ou não ser". *Revista Cult*. São Paulo, maio 2011, n. 157, pp. 25-27.

BORELLI, Silvia Helena Simões (org.). *Gêneros ficcionais, produção e cotidiano na cultura popular de massa*. São Paulo: Intercom; CNPq; Finep, 1994.

_____. *Ação, suspense, emoção: literatura e cultura de massa no Brasil*. São Paulo: Educ; Estação Liberdade,1996.

_____; LOPES, Maria Immacolata Vassalo de; RESENDE, Vera da Rocha. *Vivendo com a telenovela: mediações, recepção, teleficcionalidade*. São Paulo: Summus, 2002.

_____; ROCHA, Rosamaria Luiza de Melo. "Urbanas juvenilidades: modos de ser e de viver na cidade de São Paulo". *Revista Margem*. São Paulo, dez. 2004, n. 20.

_____ et al. "Jovens urbanos, ações estético-culturais e novas práticas políticas: estado da arte (1960-2000)". Em: ALVARADO, Sara Victoria; VOMMARO, Pablo A. (org.). *Jóvenes, cultura y política en América Latina: algunos trayectos de sus relaciones, experiencias y lecturas (1960-2000)*. Rosario: Homo Sapiens, 2010.

BOURDIEU, P. e SAINT-MARTIN, M. Goftts de classe et styles de vie. (Excerto do artigo "Anatomie du goftt".) *Actes de la Recherche en Sciences Sociales*, nº 5 , out. 1976. Traduzido por Paula Montero.

BOURDIEU, Pierre. *Questões de sociologia*. Trad. de Jeni Vaitsman. Rio de Janeiro: Marco Zero, 1983.

BRYAN, Guilherme. *Quem tem um sonho não dança: cultura jovem brasileira nos anos 80*. Rio de Janeiro: Record, 2004.

BUENO, Zuleika. *Adaptar o livro, conquistar o público e ampliar o mercado: as estratégias do mercado de filmes juvenis brasileiros*. XI Congresso Internacional da Abralic, São Paulo, 13-17 jul. 2008. Disponível em: http://www.abralic.org.br/eventos/cong2008/AnaisOnline/simposios/pdf/062/ZULEIKA_BUENO.pdf>. Acesso em: 21 set. 2017.

BUSCOMBE, Edward. "A ideia de gênero no cinema americano". Em: RAMOS, Fernão Pessoa (org.). *Teoria contemporânea do cinema: documentário e narratividade ficcional*. São Paulo: Editora do Senac, 2005. v. 2, pp. 303-318.

CABRERA, Julio. *O cinema pensa: uma introdução à filosofia através dos filmes*. Rio de Janeiro: Rocco, 2006.

CALLIGARIS, Contardo. "A sedução dos jovens". *Folha de S.Paulo*. São Paulo, 20 set. 1998, caderno *Ilustrada*, p. E14.

_____. *A adolescência*. São Paulo: Publifolha, 2010.

_____. "Vampiros comportados". *Folha de S.Paulo*. São Paulo, 11 ago. 2011, caderno *Ilustrada*, p. E14.

CALVINO, Italo. *As cidades invisíveis*. Trad. de Diogo Mainardi. São Paulo: Companhia das Letras, 1990.

_____. *Seis propostas para o próximo milênio: lições americanas*. Trad. de Ivo Barroso. São Paulo. Companhia das Letras, 1990.

CAMPBELL, Joseph. *O poder do mito*. Trad. de Carlos Felipe Moisés. São Paulo: Palas Athena, 1990.

_____. *O herói de mil faces*. Trad. de Adail Ubirajara Sobral. São Paulo: Pensamento, 2007.

CANCLINI, Néstor Garcia. *Consumidores e cidadãos: conflitos multiculturais da globalização*. Rio de Janeiro: Editora UFRJ, 1999.

CARLOS, Cássio Starling. "A era da turbulência". *Revista Cult*. São Paulo: 2011, n. 157.

CARRANO, Paulo Cesar Rodrigues. "Juventudes: as identidades são múltiplas". *Movimento:* Revista da Faculdade de Educação da Universidade Federal Fluminense. Niterói-RJ: maio 2000, n. 01, pp.11-27

CARREIRO, Rodrigo Octávio d'Azevedo. *O gosto dos outros: consumo, cultura pop e internet na crítica de cinema de Pernambuco*. 203 folhas. Dissertação (Mestrado em Comunicação) – Universidade Federal de Pernambuco. Recife, 2003.

CASTELLS, Manuel. *O poder da identidade*. Trad. de Klauss Brandini Gerhardt. São Paulo: Paz e Terra, 1999.

CEIA, Carlos. *E-dicionário de termos literários*. Disponível em: <http://edtl.fcsh.unl.pt/>. Acesso em: 9 ago. 2017.

CERTEAU, Michel de. *A invenção do cotidiano: artes de fazer*; 14. ed. Trad. de Ephraim Ferreira Alves. Petrópolis: Vozes, 2008.

DEBORD, Guy. *A sociedade do espetáculo: comentários sobre a sociedade do espetáculo*. Trad. de Estela dos Santos Abreu. Rio de Janeiro: Contraponto, 1997.

ELIADE, Mircea. *Mito e realidade*. Trad. de Pola Civelli. São Paulo: Perspectiva, 1972.

ELIAS, Norbert. *A sociedade dos indivíduos*. Trad. de Vera Ribeiro. Rio de Janeiro: Zahar, 1994.

FABRIS, Mariarosaria. *O neo-realismo cinematográfico italiano: uma leitura*. São Paulo: Edusp; Fapesp, 1996.

_____. "Neo-realismo italiano". Em: MACARELLO, Fernando (org.). *História do cinema mundial*. Campinas: Papirus, 2006.

FEIJÓ, Martin Cézar. *O que é herói?* São Paulo: Brasiliense, 1995.

FIÚZA, Guilherme. *Meu nome não é Johnny*. Rio de Janeiro: Record, 2007.

FOUCAULT, Michel. *A ordem do discurso*. Trad. de Laura Fraga de Almeida Sampaio. 7. ed. São Paulo: Edições Loyola, 2001.

FRYE, Northrop. *Anatomia da crítica: quatro ensaios*. Trad. de Péricles Eugênio da Silva Ramos. São Paulo: Cultrix, 1973.

FURTER, Pierre. *Juventude e tempo presente*. Trad. de Luís Lourdes Orlandi. Rio de Janeiro: Paz e Terra, 1967.

GONÇALVES, Carlos Pereira. *Cinema brasileiro, anos 90: recepção, mediação e consumo cultural dos paulistanos*. 154 folhas. Dissertação (Mestrado em Ciências Sociais) – Pontifícia Universidade Católica, São Paulo, 2001.

_____. *Cinema brasileiro na estrada: identidade, mitologia e cultura no gênero Road-movie (anos 1990-2000)*. 419 folhas. Tese (Doutorado em Ciências Sociais) – Pontifícia Universidade Católica. São Paulo, 2011.

GONZÁLEZ, Mario M. *A saga do anti-herói: estudo sobre o romance picaresco espanhol e algumas de suas correspondências na literatura brasileira*. São Paulo: Nova Alexandria, 1994.

GRAMSCI, Antonio. *Literatura e vida nacional*. Trad. de Carlos Nelson Coutinho. Rio de Janeiro: Civilização Brasileira, 1978.

GROPPO, Luís Antônio. *Juventude: ensaios sobre sociologia e história das juventudes modernas*. Rio de Janeiro: Difel, 2000.

HALL, Stuart. *A identidade cultural na pós-modernidade*. Trad. de Tomás Tadeu da Silva e Guacira Lopes Louro. Rio de Janeiro: DP&A, 2001.

HERCHSMANN, Micael. *O funk e o hip-hop invadem a cena*. Rio de Janeiro: UFRJ, 2000.

HOHLFELDT, Antonio. "O pícaro herói de Marcos Rey". Correio do Povo. São Paulo: 30 dez. 1978, Caderno de Sábado.

JULLIER, Laurent; MARIE, Michel. *Lendo as imagens do cinema*. Trad. de Magda Lopes. São Paulo: Editora do Senac, 2009.

KOTHE, Flávio R. *O herói*. São Paulo: Ática, 1980.

LABAKI, Amir. *O cinema brasileiro: de O Pagador de Promessas à Central do Brasil*. São Paulo: Publifolha, 1998.

_____. *Ilha deserta: filmes*. São Paulo: Publifolha, 2003.

LÉVI-STRAUSS, Claude. *O pensamento selvagem*. Trad. de Tânia Pellegrini. Campinas: Papirus, 2006.

LIMENA, Maria Margarida C. "O cinema e a invenção das tramas urbanas". *Revista Margem*. São Paulo, dez. 2004, n. 20.

LOUZEIRO, José. *Infância dos mortos*. 2. ed. Rio de Janeiro: Ediouro, 1999.

MAFFESOLI, Michel. *O tempo das tribos: o declínio do individualismo nas sociedades de massa*. Trad. de Maria de Lourdes Menezes. 3. ed. Rio de Janeiro: Forense Universitária, 2000.

MARCEL, Martin. *A linguagem cinematográfica*. Trad. de Paulo Neves. São Paulo: Brasiliense, 1990.

MARTÍN-BARBERO, Jesús. *Dos meios às mediações: comunicação, cultura e hegemonia*. Trad. de Ronald Polito e Sérgio Alcides. Rio de Janeiro: Editora UFRJ, 2009.

_____. "A mudança na percepção da juventude: sociabilidades, tecnicidades e subjetividades entre os jovens". Em: BORELLI, Silvia H. S.; FREIRE FILHO, João (org.). *Culturas juvenis no século XXI*. São Paulo: Educ, 2008.

MIRANDA, Danilo dos Santos de (org.). *Memória e cultura: a importância da memória na formação cultural humana*. São Paulo: Editora do Sesc, 2007.

MORAES, Reinaldo. *Tanto Faz & Abacaxi*. São Paulo: Companhia das Letras, 2011.

MORAES JUNIOR, Jorgson Ksam Smith. *Herói decadente: a emergência histórica do anti-herói na literatura, no cinema e na TV*. 112 folhas. Dissertação (Mestrado em Ciências Sociais) – Pontifícia Universidade Católica, São Paulo, 2005.

MORIN, Edgar. *Cultura de massas no século XX: o espírito do tempo*. Trad. de Maura Ribeiro Sardinha. Rio de Janeiro: Forense Universitária, 1984. v. 1: Neurose; v. 2: Necrose.

_____. *O cinema ou o homem imaginário: ensaio de antropologia*. Trad. de António-Pedro Vasconcelos. Lisboa: Relógio D'Água Editores, 1997.

_____. *O enigma do homem: para uma nova antropologia*. Trad. de Fernando de Castro Ferro. Rio de Janeiro: Zahar, 1979.

_____. *Amor, poesia, sabedoria*. Trad. de Ana Paula de Viveiros. Lisboa: Piaget, 1999.

_____. *Introdução ao pensamento complexo*. Trad. de Eliane Lisboa. Porto Alegre: Sulina, 2007.

NAGIB, Lúcia. *O cinema da retomada: depoimentos de 90 cineastas dos anos 90*. São Paulo: Editora 34, 2002.

_____. *A utopia no cinema brasileiro*. São Paulo: Cosac Naify, 2006.

NOVAES, Regina. "Os jovens de hoje: contextos, diferenças e trajetórias". Em: Maria Isabel Mendes de Almeida; Fernanda Eugênio (org.). *Culturas jovens: novos mapas do afeto*. Rio de Janeiro: Zahar, 2006.

"O OLHAR ADOLESCENTE". *Revista Mente & Cérebro*. São Paulo: 2007, n. 1, 2, 3 e 4.

ORICCHIO, Luiz Zanin. *Cinema de novo: um balanço crítico da retomada*. São Paulo: Estação Liberdade, 2003.

OROZ, Silvia. *Melodrama: o cinema de lágrimas da América Latina*. Rio de Janeiro: Rio Fundo, 1992.

ORTIZ, Renato (org.). *A sociologia de Pierre Bourdieu*. São Paulo: Olho d'Água, 2005.

OSÓRIO, Luiz Carlos. *Adolescente hoje*. Porto Alegre: Artmed, 1989.

PAIVA, Marcelo Rubens. "Juventude e mobilização". Em: ABRAMO, Helena Wendel; FREITAS, Maria Virginia; SPOSITO, Marília Pontes (org.). *Juventude em debate*. São Paulo: Cortez, 2002.

PAZ, Octavio. "A tradição de uma arte passional e feroz". Em: KYROU, Ado. *Luis Buñuel*. Rio de Janeiro: Civilização Brasileira, 1966.

PILOTTI, Francisco; RIZZINI, Irene. "A (des)integração na América Latina e seus reflexos sobre a infância". Em: RIZINI, Irene (org.). *A criança no Brasil hoje:*

desafio para o terceiro milênio. Rio de Janeiro: Editora Universitária Santa Úrsula, 1993.

PINHEIRO, Diógenes, *et al*. *Pesquisa em educação e Projeto Político Pedagógico* III. 2 mod., v. 3. Rio de Janeiro: Fundação CECIERJ, 2004.

PONTES, Mario. *Elementares: notas sobre a História da Literatura Policial*. Rio de Janeiro: Odisseia, 2007.

PRYSTHON, Angela. *Cosmopolitismos periféricos: ensaios sobre modernidade, pós-modernidade e estudos culturais na América Latina*. Recife: Edições Bagaço, 2002.

_____; CARRERO, Rodrigo. "Da periferia industrial à periferia *fashion*: dois momentos do cinema brasileiro e a espetacularização da cultura". *Revista Eco-pós*. Rio de Janeiro: 2002, v. 5, n. 2, pp. 56-67.

QUINTILIANO, Ângela Maria Lucas. *Na tela do cinema a luz da revelação: o imaginário religioso adolescente e a mídia cinematográfica*. 204 folhas. Dissertação (Mestrado em Ciências da Religião) – Pontifícia Universidade Católica, São Paulo, 2001.

RADIN, Paul. *The Trickster: A Study in American Indian Mythology*. Nova York: Schocken Books, 1972.

RAMOS, Fernão. *Cinema marginal (1968/1973): a representação em seu limite*. São Paulo: Brasiliense, 1987.

_____ (org.). *História do cinema brasileiro*. São Paulo: Art,1987.

_____; MIRANDA, Luiz Felipe. *Enciclopédia do cinema brasileiro*. São Paulo: Editora do Senac, 2000.

RAMOS, Jose Mario O. *Cinema, Estado e lutas culturais (Anos 50, 60, 70)*. Rio de Janeiro: Paz e Terra, 1983.

RANÑA, Wagner. "Os desafios da adolescência". *Revista Viver Mente & Cérebro*. São Paulo: 2005, n. 155.

RIZZO, Sérgio. "Nacionais ganham espaço em 2009". Folha de S.Paulo: 29 dez. 2008, caderno *Ilustrada*. Disponível em: <http://www1.folha.uol.com.br/fsp/acontece/inde29122008.htm> Acesso em: 10 ago. 2017.

SALGADO, Sebastião. *Êxodos*. São Paulo: Companhia das Letras, 2000.

SALINGER, Jerome David. *O apanhador no campo de centeio*. Trad. de Álvaro Alencar; Antônio Rocha e Jório Dauster. Rio de Janeiro: Editora do Autor, 1987.

SANTOS, Jair Ferreira dos. *O que é pós-moderno*. São Paulo: Brasiliense, 1986.

SINGER, Paul. "A juventude como coorte: uma geração em tempos de crise social". Em: ABRAMO, Helena Wendel; BRANCO, Pedro Paulo Martoni (org.). *Retratos da juventude brasileira: análises de uma pesquisa nacional*. São Paulo: Fundação Perseu Abramo; Instituto de Cidadania, 2005.

STAM, Robert. *A literatura através do cinema: realismo, magia e arte da adaptação*. Trad. de Marie-Anne Kremmer; Gláucia Renate Gonçalves. Belo Horizonte: Editora UFMG, 2008.

_____; SHOHAT, Ella. *Crítica da imagem eurocêntrica: multiculturalismo e representação*. Trad. de Marcos Soares. São Paulo: Cosac Naify, 2006.

THOMPSON, John B. *Ideologia e cultura moderna: teoria social crítica na era dos meios de comunicação de massa*. Trad. do Grupo de Estudos sobre Ideologia, comunicação e representações sociais da Pós-Graduação do Instituto de Psicologia da PUCRS. Petrópolis: Vozes, 1995.

TRUFFAUT, François. *O prazer dos olhos: textos sobre o cinema*. Trad. de André Telles. Rio de Janeiro: Jorge Zahar, 2005.

TODOROV, Tzvetan. *Os gêneros do discurso*. Trad. de Elisa Angotti Kossovitch. São Paulo: Martins Fontes, 1980.

VIEIRA, João Luiz (Org.). *Cinema brasileiro, anos 90, 9 questões*. Rio de Janeiro: Centro Cultural Banco do Brasil, 2001.

VIRILIO, Paul. *Velocidade e política*. São Paulo: Estação Liberdade, 1997.

WANDERLEY, Luiz Eduardo W. *Educação popular: metamorfoses e veredas*. São Paulo: Cortez, 2010.

WILLIAMS, Raymond. *Marxismo e Literatura*. São Paulo: Zahar, 1979.

XAVIER, Ismail. *A experiência do cinema*. Rio de Janeiro: Graal, 1983.

_____. *Sertão Mar: Glauber Rocha e a estética da fome*. São Paulo: Cosac Naify, 2007.

_____. O cinema brasileiro dos anos 90. [2000]. São Paulo: *Revista Praga*, n. 9. Entrevista concedida à revista *Praga*.

_____. *Cinema brasileiro moderno*. São Paulo: Paz e Terra, 2001.

_____. *O olhar e a cena*. São Paulo: Cosac Naify, 2003.

YOUNG, Iris Marion. "Representação política, identidade e minorias". *Revista Lua Nova*. São Paulo, 2006, n. 67.

Créditos das imagens

Pixote, a lei do mais fraco, um filme de Hector Babenco.
  Autorização de uso de imagens concedida gentilmente pela HB Filmes.
Páginas 52, 71, 99, 113, 155, 164: imagens capturadas do DVD do filme pelo autor do livro.

Meu nome não é Johnny, um filme de Mauro Lima. Produção de Mariza Leão.
  Autorização de uso de imagens concedida gentilmente pela Atitude Produções e Empreendimentos Ltda.
Páginas 53, 71, 113, 182, 185: imagens capturadas do DVD do filme pelo autor do livro.
Páginas 99, 173, 190: fotografias de cena de Pedro Molinos

OUTRAS IMAGENS
Página 127: Bandeira-poema de Hélio Oiticica.
Página 137: *Macunaíma*, filme de Joaquim Pedro de Andrade, divulgação.

Sobre o autor

Ed Anderson Mascarenhas é natural de Salvador, Bahia, e atualmente mora e trabalha em São Paulo.

Dramaturgo, pesquisador e educador, atua com as juventudes no programa socioeducativo do Sesc Belenzinho. Mestre em Ciências Sociais/Antropologia (PUC-SP), pós-graduado em Crítica de Cinema (FAAP), bacharel em Artes Cênicas (UFBA) e em Turismo (FETBA), pesquisador do CNPq com o projeto *A dramaturgia baiana no teatro contemporâneo* (UFBA).

Autor de diversos artigos e textos teatrais como *Os dois e aquele muro*, publicado por meio do ProAc-SP 2011; *Os homens feios*, vencedor do prêmio de dramaturgia 2015 da Fundação Guilherme Cossoul (Portugal); *Mulheres do Espelho*, Prêmio Vertentes 2012 da Universidade Federal de Goiás.

Fontes Heurística e TT Travel
Papel Polen Soft 80 g/m²
Impressão Mundial Gráfica Ltda.
Data agosto de 2018